# Vegan fasten & schlank bleiben

### Bildnachweis

Ulrike Köb: Coverbild und alle Rezeptfotos, Autorenfoto Elisabeth Fischer

### Literaturhinweis

Claus Leitzmann, Markus Keller, Vegetarische Ernährung, 3. Auflage, Ulmer

### Impressum

ISBN: 978-3-7088-0647-1

Copyright: Kneipp-Verlag GmbH und Co KG
Lobkowitzplatz 1, A-1010 Wien
www.kneippverlag.com
www.facebook.com/KneippVerlagWien
Autorin: Elisabeth Fischer
Lektorat und Herstellung: Marion Mauthe
Korrektorat: Franz Ebner
Cover und Art Direction: Werner Weißhappl, plan_w
Illustrationen: Oskar Kubinecz
Druck: Theiss GmbH, A-9431 St. Stefan
1. Auflage, Januar 2015

Elisabeth Fischer

# Vegan fasten
## &
## schlank bleiben

Mit 140 Basenrezepten
Und Fotos von Ulrike Köb/Gusto

# Inhalt

| | |
|---|---|
| Die Idee zu diesem Buch ... | 7 |
| 1. Abnehmen und neu durchstarten | 8 |
| 2. Schlank bleiben und wohlfühlen | 15 |

## Frühstück & Smoothies

| | |
|---|---|
| Poppiges Amaranth-Müsli mit Erdbeeren, Nüssen und Cranberrys | 22 |
| Müsli mit Birne, Pflaumen, Mandarinen und Walnüssen | 22 |
| Müsli mit Apfel, Kiwi und Orange | 24 |
| Müsli mit Melonen, Himbeeren und Erdmandeln | 24 |
| Porridge mit Aprikosen | 25 |
| Herzhafte Frühstückssuppe mit Gemüse | 25 |
| Aromatische Hafersuppe mit Trauben | 27 |
| Grits mit Kokosmilch, Ananas und Granatapfel | 27 |
| Müsli-Smoothie | 28 |
| Spinat-Avocado-Birnen-Smoothie | 28 |
| Frühstück schlückchenweise! | 28 |
| Sommer-Smoothie mit Melone, Pfirsich, Aprikose und Erdbeeren | 31 |
| Smoothie mit Banane, Kokos, Karotten und Roter Beete | 31 |
| Erdbeer-Ananas-Orangen-Smoothie | 32 |
| Himbeer-Feigen-Punsch | 32 |
| Mandarinen-Rotbuschtee-Punsch mit Mango | 33 |
| Verbenen-Chai mit Datteln | 33 |

## Salate

| | |
|---|---|
| Blitzschnelles Senf-Dressing | 36 |
| Grünes Salatdressing | 36 |
| Tomaten-Kartoffel-Dressing | 37 |
| Tofu-Kräuter-Dressing | 37 |
| Gemüse-Salat mit Apfel und Sauce Tartare | 38 |
| Salat mit Grapefruit, Meeresgemüse und Sesam-Dressing | 41 |
| Rote-Beete-Salat mit saftigem Beerendressing | 42 |
| Salat mit Avocado, Erdbeeren und Zucchini-Basilikum-Dressing | 42 |
| Feldsalat mit Mango, Karotten und Cranberry-Dressing | 43 |
| Kräuterwürzige Curry-Tofu-Würfelchen | 43 |
| Karottensalat mit Orangen-Kokos-Dressing | 44 |
| Blumenkohl-Salat mit Tomaten-Salsa | 44 |
| Salatcocktail mit Gurke, Radieschen, Tomate und Paprika | 46 |
| Würziger, gebratener Räuchertofu | 46 |
| Kohlrabi-Salat mit gebratenen Pfifferlingen | 47 |
| Provençalischer Salat mit grünen Bohnen | 49 |
| Endiviensalat mit Ananas und Avocado | 50 |
| Knusprige Kartoffelscheiben mit Rosmarin | 50 |
| Fenchel-Grapefruit-Salat auf Radicchio | 51 |
| Petersilienwürfel | 51 |
| Spinat-Pilz-Salat mit Karotten-Fenchel-Salsa | 52 |

## Suppen

| | |
|---|---|
| Basensuppe für ein gutes Bauchgefühl | 57 |
| Rucola-Haselnuss-Pesto | 57 |
| Sellerie-Lauch-Cremesuppe mit Pilzen | 58 |
| Brokkoli-Zucchini-Suppe mit Basilikum | 58 |
| Kürbis-Orangen-Suppe | 59 |
| Die blitzschnelle Rote-Beete-Kartoffel-Suppe | 59 |
| Alles-Spargel-Suppe | 60 |
| Blumenkohl-Frühlingszwiebel-Suppe | 60 |

# INHALT

| | |
|---|---|
| Tomaten-Topinambur-Suppe | 62 |
| Brokkolicremesuppe mit Fenchel-Croûtons | 62 |
| Kohlrabi-Karotten-Sellerie-Suppe mit Kokosmilch | 63 |
| Frühlingssuppe mit Spinat und Brunnenkresse | 65 |
| Sellerie-Dip mit Ingwer und Kurkuma | 65 |
| Kräuter-Bouillon mit Blumenkohl und Kartoffeln | 66 |
| Paprika-Pastinaken-Suppe | 66 |
| Kürbis-Maroni-Suppe mit Vanille | 67 |
| Asia-Suppe mit Pilzen, Sprossen und Brat-Tofu | 68 |
| Cremige Kokossuppe mit Spinat, Brokkoli, Zucchini und Lauch | 70 |
| Wirsingsuppe mit Champignons | 71 |
| Misosuppe – ein Grundrezept | 71 |
| Karotten-Tomaten-Suppe | 73 |
| Basilikum-Dip | 73 |

## GEMÜSE

| | |
|---|---|
| Brokkoli in Kerbel-Nuss-Soße | 76 |
| Folienkartoffeln | 76 |
| Spargel mit kräuterwürzigem Kokos-Pesto | 78 |
| Geschmorte Pilzköpfe in pikanter Traubensoße | 79 |
| Mangold und Karotten (unter Rühren gebraten) | 79 |
| Frühlingszwiebeln und Zucchini aus dem Wok | 81 |
| Gebratener Sonnentomaten-Tofu | 81 |
| Curry-Kartoffeln | 81 |
| Karotten, Fenchel und Ananas mit pikanter Mandarinen-Soße | 82 |
| Kohlrabi in Basilikum-Kokos-Soße | 82 |
| Ofenkürbis mit Spinat und Tomaten | 83 |
| Blumenkohl-Zucchini-Curry | 84 |
| Paprika-Cashew-Dip | 84 |
| Cremige Champignons im eigenen Saft | 86 |
| Kartoffel-Karotten-Sellerie-Rösti | 86 |
| Blumenkohl in aromatischer Tomatensoße | 87 |
| Petersilien-Kartoffel-Püree | 87 |
| Schwarzwurzeln mit Orangensoße aus dem Päckchen | 89 |
| Grüne Bohnen in Sesam-Miso-Soße | 90 |
| Gegrillte Tomatenscheiben | 90 |
| Herzhaftes Kartoffel-Gröstl mit Pfifferlingen | 91 |
| Buntes Gemüse aus dem Schmortopf | 92 |
| Knoblauch-Kartoffel-Mayonnaise | 92 |
| Gegrillte Paprika mit Provence-Kräutern | 94 |
| Gratinierte Kartoffelscheiben | 94 |
| Gebratene Auberginen mit Sesam und fünf Gewürzen | 95 |
| Kohlrabi, Sprossen und Tofu aus dem Wok in pikanter Soße | 97 |

## PASTA, GETREIDE & HÜLSENFRÜCHTE

| | |
|---|---|
| Avocadocreme mit Basilikum und Minze | 100 |
| Kürbis-Knoblauch-Aufstrich | 100 |
| Brokkoli-Kartoffel-Aufstrich mit Kapern | 102 |
| Bohnenaufstrich mit Meerrettich | 102 |
| Sauerkraut-Wraps mit Paprika-Seitan | 103 |
| Rosa Dip | 103 |
| Wrap mit Spicy-Tofu und Raspelgemüse | 105 |
| Salsa picante | 105 |
| Kokoswürziger Curry-Reis-Salat mit Ananas und Mango | 106 |
| Quinoa-Kräuter-Salat mit Gurken und Tomaten | 107 |
| Bohnensalat mit gegrillten Paprikas | 107 |
| Linsensalat mit Orangen, Karotten und Bleichsellerie | 108 |
| Glasnudelsalat mit Spinat | 110 |

# Inhalt

| | |
|---|---|
| Knuspriger Sesam-Seitan | 110 |
| Asia-Nudeltopf mit Brokkoli und Sprossen | 111 |
| Aromatisches Dal von gelben Erbsen | |
|     mit Apfel und Kokos | 113 |
| Brokkoli-Spaghetti mit Pesto-Tofu | 114 |
| Kalte Sommer-Soba-Nudeln | 116 |
| Spaghetti mit Paprikasoße | |
|     und Basilikum-Knoblauch-Zucchini | 117 |
| Gersten-Risotto mit Kohlrabi und Radicchio | 119 |
| Ofenkürbis mit geschmortem Paprika | |
|     und Kichererbsen | 120 |
| Spinat-Pilz-Risotto | 122 |
| Couscous mit Granatapfel und Kräutern | 123 |
| Tomaten-Bulgur | 123 |
| Rote Beete in Meerrettichsoße | 125 |
| Steinpilz-Polenta | 125 |
| Gebratene China-Nudeln mit Paprika, | |
|     Kohl und Pilzen | 126 |
| Gebratene Kichererbsen mit Zucchini | 127 |
| Knoblauch-Tomaten-Soße | 127 |
| Paprika-Rouladen mit würziger Pilz-Hirse | 128 |
| Grasgrüne Erbsensoße | 128 |
| Knusprige Pastetchen | |
|     mit Lauch-Pilz-Mandel-Füllung | 131 |
| Tomaten-Pastinaken-Dip | 131 |

## Fruchtig & Süss

| | |
|---|---|
| Erdbeer-Mango-Salat | 134 |
| Bananen-Aprikosen-Creme | 134 |
| Seidentofu mit Feigensoße und Trauben | 136 |
| Pfirsich-Zwetschken-Mus | 136 |
| Himbeer-Melonen-Salat | |
|     mit Erdbeer-Bananen-Nuss-Creme | 137 |
| Apfel-Mandarinen-Kokos-Creme | 137 |
| Haselnuss-Vanille-Pudding | 139 |
| Orangensoße | 139 |
| Quitten-Kokos-Dattel-Gelee | 140 |
| Himbeersoße | 140 |
| Gegrillte Pfirsiche mit Beeren | 141 |
| Zwetschken-Kokos-Soße | 141 |
| Grieß-Flammerie | 142 |
| Geschmolzene Aprikosen | 142 |
| „Milchreis" mit Zimt und Kardamom | 145 |
| Apfelmus mit Cranberrys | 145 |
| Gebratene Ananas mit Kirschensoße | 146 |
| Bratapfel mit Vanille-Bananen-Soße | 146 |
| Fruchtig-süße Suppe mit Gerstengraupen | 147 |
| Apfel-Pie | 148 |
| Zwetschken-Pizza | 150 |
| Birnen-Strudel | 151 |

VORWORT

# Die Idee zu diesem Buch ...

... kam von meinen Leserinnen! Deshalb möchte ich mich ganz herzlich bei Ihnen bedanken. Sie haben mich mit Ihren Berichten und Fragen zu diesem Buch inspiriert, und ich möchte es auch mit ein paar Sätzen aus einer E-Mail beginnen, die dieses Feedback auf den Punkt bringen.

Liebe Frau Fischer,
nach vielen Diäten, die nichts gebracht haben als nur noch mehr Kilos, ist mir Ihr Buch VEGAN FASTEN* ins Auge gesprungen, und ich habe es mir als letzte Hoffnung, doch noch abzunehmen, gekauft. Seit einer Woche koche ich meine Menüs nach Ihrem Kochbuch und habe schon 2 Kilos abgenommen. Ich bin begeistert vom guten Geschmack dieser frischen und gesunden Küche und von der Auswahl der Zutaten.
Meine Frage: Wie kann ich nach dem 14-Tage-Abnehmprogramm weitermachen? Ich möchte 15–20 Kilos abnehmen, das geht sich leider oder Gott sei Dank in 14 Tagen nicht aus.
Liebe Grüße
Margit M.

Darum halten Sie jetzt nicht nur eine Fortsetzung des bewährten VEGAN-FASTEN-Programms in Händen, sondern auch ein Kochbuch, in dem Sie erprobte Rezepte, ein Wochenprogramm und viele Tipps für die Zeit nach dem Fasten finden. Das vorliegende Buch soll Sie dabei unterstützen, weiter abzunehmen, schlank zu bleiben und jeden Tag gut zu essen. Denn nur mit Genuss lässt sich der Jo-Jo-Effekt besiegen, ist eine dauerhafte Umstellung der Ernährungsgewohnheiten möglich.

Zu einer veganen Ernährung, die Ihr Wunschgewicht sichert und die Gesundheit nachhaltig fördert, gehören alle natürlichen, pflanzlichen Lebensmittel. Sie finden in meinen Anleitungen daher auch ein großes Kapitel mit Rezepten für Pasta, Nudelsuppen, Bohnen- und Linsensalaten, Brotaufstrichen, Risottos, dazu natürlich Süßes wie fruchtiges Flammerie oder Kuchen. Denn wer dauerhaft vollwertig und vegan essen will, braucht auch die schützenden Vital- und energieliefernden Nährstoffe aus Vollkorngetreide und Hülsenfrüchten. Ich esse seit langem so, halte mein Gewicht und fühle mich wohl in meiner Haut.

Wenn ich ein Buch mache, fallen mir dazu viel mehr Rezepte, Tipps und Kombinationsmöglichkeiten ein, als auf einer begrenzten Seitenzahl unterzubringen sind. Sie finden diese zusätzlichen Informationen auf meiner Website: www.elisabeth-fischer.com

Bedanken möchte ich mich auch bei Ulrike Köb. Sie ist eine vielfach ausgezeichnete Foodfotografin und hat das Essen, das ich in ihrem Studio in Wien gekocht habe, ins rechte Licht gerückt. Ein köstlicher Aspekt unserer Zusammenarbeit: Nach dem Fotografieren wird alles gemeinsam verspeist.

Viel Erfolg und guten Appetit wünscht Ihnen

Elisabeth Fischer

---

* Elisabeth Fischer: Vegan Fasten · Das 14-Tage-Abnehmprogramm · Mit 120 genussvollen Basenrezepten, ISBN 978-3-7088-0617-4, 132 Seiten, Hardcover

Einleitung

# 1. Abnehmen und neu durchstarten

Es reicht! Sie wollen die lästigen Kilos, die schwer auf den Hüften sitzen, loswerden? Haben Sie genug von lähmender Mattigkeit, Kopfschmerzen, Schnupfenattacken, Verdauungsproblemen? Wollen Sie gerne und jederzeit auf Cellulite und blasse Gesichtshaut verzichten?

Sie haben Appetit auf einen Neustart? Beginnen Sie mit VEGAN FASTEN! Sie verlieren damit in einer Woche zwei bis vier Kilogramm. Das Erstaunliche und Erfreuliche dabei: Sie müssen nicht hungern und darben, sondern werden sich mit köstlichen Speisen satt essen. Bei VEGAN FASTEN können Sie nur gewinnen: Fettpölsterchen verschwinden, Sie tanken neue Energie, fühlen sich jeden Tag wohler, sogar die Haut schimmert wieder rosig.

### Erfolg mit der richtigen Lebensmittelwahl

VEGAN FASTEN funktioniert nach einem einfachen Prinzip: Sie treffen eine bewusste Auswahl natürlicher pflanzlicher Lebensmittel. Mit den basenbildenden werden Sie sich satt essen.

Stark basenbildend sind: Gemüse, Früchte, Kräuter und Kartoffeln. Sojaprodukte und Haselnüsse sind schwach basenbildend. Weitestgehend gefastet wird bei den säurebildenden pflanzlichen Lebensmitteln, bei Getreideprodukten, Hülsenfrüchten, Nüssen und Samen. Diese Naturprodukte stehen erst nach dem Fasten wieder auf dem Speiseplan.

Wenn Sie beim VEGAN FASTEN für ein bis zwei Wochen nach diesem Auswahlprinzip essen, bringen Sie damit Körperprozesse in Gang, die Ihre Gesundheit fördern und die Kilos zum Schmelzen bringen: Der Säure-Basen-Haushalt kommt ins Gleichgewicht, die Fettverbrennung wird angeheizt, die Abwehrkräfte werden gestärkt. Und das alles ganz natürlich und mit viel Genuss.

### Einseitige Ernährung macht sauer

Zu viel Zucker, Fastfood, zu viele Weißmehlprodukte, Limonadengetränke, aber auch zu viel Milch, Käse und Fleisch machen nicht nur dick, sondern führen auch zu einem Säureüberschuss im Blut. Der Körper kann diesen zwar bis zu einem gewissen Grad ausgleichen. Wird der Säureansturm jedoch zum Normalzustand – und das ist bei ungesunden Ernährungsgewohnheiten der Fall –, sind die körpereigenen Regulierungsmechanismen überfordert. Latente Übersäuerung nennt man diesen Zustand, der vielen zu schaffen macht. Um das überlebensnotwendige Säure-Basen-Gleichgewicht zu sichern, muss der Körper auf ein Notprogramm schalten. Das hat einen hohen Preis für Gesundheit und Wohlbefinden.

### Von Osteoporose bis Cellulite: Eine latente Übersäuerung schwächt die Gesundheit

Zu viel tierisches Eiweiß, zu wenig Mineralstoffe und Vitamine: Beim Abbau einer einseitigen Ernährung entsteht im Organismus ein gewaltiger Säureüberschuss. Um ihn zu neutralisieren, werden Mineralstoffe, vor allem Kalzium, aus den Knochen gelöst. Langfristig kann dieser Abbau zu Osteoporose führen, die Nieren belasten und die Bildung von Nierensteinen begünstigen. Überschüssige Säuren werden auch im Bindegewebe abgelagert. Sichtbare Folge davon ist die unschöne Cellulite. Ein geschwächtes Bindegewebe kann langfristig schwerwiegende Krankheiten nach sich ziehen, führt zu Gelenkschmerzen und schwächt das Immunsystem. Erste Anzeichen einer latenten Übersäuerung können ständige Müdigkeit, fahle Haut, geschwächte Abwehrkräfte und häufige Kopfschmerzen sein.

# Einleitung

### Gemüse, Kräuter, Früchte und Kartoffeln stoppen die Übersäuerung

Diese Pflänzchen haben es in sich. Gemüse, Kräuter, Früchte und Kartoffeln enthalten sehr viele basenbildende Mineralstoffe, wie Kalzium, Kalium, Eisen, Magnesium, Kupfer und Natrium. Sie bewirken, dass die im Blut frei zirkulierenden Säuren neutralisiert werden. Gemüse, Früchte, Kräuter und Kartoffeln sind dazu Toplieferanten für Vitamine. Auch diese Vitalstoffe sind entscheidend an der Entsorgung überschüssiger Säuren beteiligt. Die gezielte Lebensmittelauswahl beim Vegan Fasten kann darum die latente Übersäuerung beenden und die Säure-Basen-Balance wieder herstellen.

### Vegan Fasten kann jeder

Das Vegan-Fasten-Programm können Sie in Ihren ganz normalen Alltag einbauen, denn Sie werden sich dabei fit und munter fühlen. Wenn Sie in ärztlicher Behandlung sind, sollten Sie vor dem Fasten mit Ihrem betreuenden Arzt oder Ihrer Ärztin sprechen.

### Die Entlastung ist spürbar

„Ich kann wieder durchschlafen, keine Kopfschmerzen mehr, der Blähbauch ist weg, mein Nacken ist entspannt, die Gelenke sind schmerzfrei, endlich fühl ich mich morgens wieder frisch und ausgeruht, ich hab einen richtigen Energieschub, ein ganz neues Körpergefühl." So werden die wohltuenden Wirkungen des Vegan Fasten oftmals beschrieben.

### Minimale Kalorien, maximale Fettverbrennung

Gemüse, Früchte, Kräuter und Kartoffeln haben eine hohe Nährstoffdichte. Das bedeutet: Für wenig Kalorien bekommen Sie höchste Mengen an Vitaminen, bioaktiven Pflanzenstoffen und Mineralstoffen. Diese wirken wie Zündfunken für den Stoffwechsel. Sie lassen ihn auf Hochtouren laufen und heizen die Fettverbrennung kräftig an. Vitamin C ist ein besonders starker Fatburner. Beim Vegan Fasten sind Sie hervorragend damit versorgt, vom Frühstück bis zum Abendessen.

---

### Zitronen sind basenbildend

Am Geschmack können Sie nicht feststellen, ob ein Lebensmittel basen- oder säurebildend ist. Säuren und Basen entstehen erst, wenn das Essen im Organismus in körpergerechte Energielieferanten und Bausteine zerlegt wird. Grundsätzlich sind alle Gemüse, Früchte und Kräuter, Kartoffeln, Sojaprodukte und Haselnüsse basenbildend.* Wobei Kartoffeln, Sojaprodukte und Haselnüsse eine Sonderstellung haben. Sie sind sowohl eiweißreich als auch basenbildend und darum für eine ausgleichende Ernährung besonders wertvoll.

* Nahrungsmitteltabelle auf http://www.saeure-basen-forum.de

### Beim Abnehmen entstehen Ketonsäuren, beim Vegaren Fasten werden sie neutralisiert

Abnehmen kann Ihre Gesundheit gefährden! Beim Abbau von Körperfett entstehen als Abfallprodukte stark saure Ketonsäuren. Bei einseitigen Crash-Diäten verstärken sie die Belastung für den Organismus. Ein Grund dafür, warum man sich bei diesen Hungerkuren so schlapp fühlt, schlecht aussieht und jeden Schnupfen einfängt. Zudem steigt das Risiko für Osteoporose, den gefürchteten Knochenschwund. Beim Vegan Fasten bedeuten Ketonsäuren hingegen keine Gefahr für das Wohlbefinden, denn durch die Basenrezepte wird der Säureansturm neutralisiert.

### Löffelweise natürliche Schutzstoffe

Im Grunde genommen ist alles ganz einfach: Vitamine und Mineralstoffe binden nicht nur Säuren, kurbeln den Stoffwechsel an und befeuern die Fettverbrennung, sie spielen auch eine Hauptrolle beim Schutz gegen Krankheiten. Vitamin A, C und E machen freie Radikale unschädlich, die als größte Feinde unserer Gesundheit gelten. Vitamine beugen gegen Herz-Kreislauf-Erkrankungen, Schlaganfall und Krebs vor. Aber auch die sogenannten sekundären Pflanzenstoffe wie Glucosinulate, Polyphenole oder Ballaststoffe, die in Gemüse, Früchten, Kräutern und Kartoffeln reichlich enthalten sind, wirken bei diesem nachhaltigen Gesundheitsprogramm mit, das auch Verstopfung, Rheumatismus, Herzinfarkt, Infektionskrankheiten und krankhafte Hautveränderungen fernhält.

Kommen Sie jetzt bloß nicht auf die Idee, die wertvollen Vitalstoffe in Pillenform zu schlucken! Breitangelegte Studien kommen zu dem Schluss: Wirksam sind nur die natürlichen Substanzen, die wir mit Gemüse, Früchten, Kräutern und Kartoffeln verspeisen. Also lieber auf dem Markt einkaufen als in der Apotheke. Das macht mehr Spaß, schmeckt besser und ist preisgünstiger.

### Der Synergieeffekt lässt Sie jung aussehen

Vegan Fasten entlastet das Bindegewebe, und die Haut wird wieder besser mit Nährstoffen versorgt. Eine besondere Rolle für die Schönheitspflege von innen spielen Isoflavone aus Sojaprodukten. Die pflanzlichen Hormone sind ein echter Jungbrunnen! Unterstützt von Vitamin C sind Isoflavone am Aufbau von besonders starkem Bindegewebe beteiligt. Die Haut kann mehr Flüssigkeit einlagern, wird wieder straffer, und neu gebildete junge Zellen sind widerstandsfähiger gegen Umwelteinflüsse. Werden Sojaprodukte auch nach dem Vegan Fasten regelmäßig verspeist, bildet sich sogar Cellulite zurück. Ich weiß, wovon ich schreibe. Seit Jahren esse ich fast täglich 250 g Sojajoghurt mit frischen Früchten.

### Kein Zucker, keine Heißhungerattacken

Beim Vegan Fasten ist der Zucker gestrichen. Das bringt nur Vorteile. Ihre empfindlichen Geschmacksknospen werden seinen penetranten Süßgeschmack nicht vermissen. Im Gegenteil: Reife Früchte und Trockenfrüchte, unterstützt von feinen Gewürzen, brin-

---

#### Sodbrennen – kein Zeichen für latente Übersäuerung

Beim Sodbrennen steigt Magensäure in die Speiseröhre auf. Ein Zuviel an Magensäure kann durch zu schnelles Essen, Stress, zu viel Alkohol oder durch Nikotin verursacht werden. Magensäure brauchen wir für die Verdauung. Sie wird aber gleich nach dem Magen im Zwölffingerdarm neutralisiert. Suchen Sie einen Arzt auf, wenn Sie öfters Magenschmerzen oder Sodbrennen haben.

# Einleitung

gen natürlich süßes Aroma in Speisen und Getränke. Auch Ihr Blutzuckerspiegel wird es Ihnen danken, denn ohne ständige Zuckerzufuhr bleibt der Blutzuckerspiegel konstant. Wird nicht übermäßig Insulin, das Fetteinbauhormon, gebildet, bleiben die gefürchteten Heißhungerattacken, die heimtückischen Gegenspieler des Schlankwerdens, aus. Also Gründe genug, sich auf diese zuckerbefreite kulinarische Erfahrung VEGAN FASTEN einzulassen.

## Fettauge sei wachsam!
## Wenig Öl garantiert grosse Portionen

Das ist der Knackpunkt beim VEGAN FASTEN: Fett wird genau und gering dosiert. Nur so kommen die großen Portionen zustande, und Sie können sich dreimal am Tag mit Müslis, Gemüsegerichten, Salaten und Suppen satt essen. Wird hingegen mit viel Öl gekocht, mutiert selbst federleichtes Gemüse zum Schwergewicht. Darum gilt als Faustregel: pro Portion nur ½ EL Öl zum Kochen oder für Salate verwenden. So hat ein üppiges Gemüsegericht gerade einmal ca. 150 kcal.

## Diese Investition fördert das Abnehmen

Damit das Kochen mit wenig Öl perfekt funktioniert, vitaminreiches Gemüse schonend im eigenen Saft dünstet, beim Braten nichts anbrennt, das feine Aroma und die strahlenden Farben zarter Pflänzchen erhalten bleiben, brauchen Sie beschichtete oder gusseiserne Töpfe und Pfannen von guter Qualität. Eine lohnende Investition: sie ermöglicht Genuss beim VEGAN FASTEN und sichert die schlanke Linie dauerhaft, denn an hochwertigem Kochgeschirr erfreut man sich eine lange Zeit. Ich weiß, wovon ich schreibe. Meine Mutter schenkte mir vor Jahrzehnten zum Studienbeginn eine kleine Pfanne – ich verwende sie immer noch

## Würzen Sie sich schlank und gesund

Genuss pur – frische Kräuter, Gewürze, aber auch Zitronensaft, Zitronenschale, Ingwer und Knoblauch bringen viel Geschmack für praktisch null Kalorien ins Essen. Der große Vorteil dieser natürlichen Würzmittel: Sie verwandeln das einfachste Gericht in einen Gaumenschmaus, fördern die Gesundheit und unterstützen das Abnehmen. Frische Kräuter enthalten höchste Konzentrationen an basenbildenden Stoffen und Vitaminen. Petersilie z. B. enthält dreimal so viel fettverbrennendes Vitamin C wie Orangen. Darum beim VEGAN FASTEN frische Kräuter gleich bundweise verwenden, zu cremigem Pesto verarbeiten, großzügig über Salate, Suppen und Gemüsegerichte streuen. Aromatische Gewürze wie Muskat, Koriander und Fenchelsamen regen die Verdauung an. Ingwer stärkt den Magen. Zitronenschale bringt Quercetin ins Essen. Dieser bioaktive Pflanzenstoff schützt vor Krebs. Knoblauch wirkt antibakteriell und beugt gegen Thrombosen vor.

Wird das Essen mit Kräutern, Gewürzen und natürlichen Würzmitteln aromatisiert, kann am Salz gespart werden. Das bringt weitere Vorteile: Der Blutdruck sinkt, Wassereinlagerungen, die am Körper diese seltsamen Pölsterchen bilden, werden ausgeschwemmt.

---

### Frühjahrsputz im Organismus

Auch wenn Sie nicht abnehmen wollen und sich ausgewogen ernähren, profitieren Sie vom VEGAN FASTEN. Die Fastenspeisen wecken mit hohen Vitalstoffkonzentrationen die Lebensgeister. Sie werden erstaunt feststellen, dass Sie sich noch besser fühlen können. Kochen Sie einfach mit etwas mehr Öl, wenn Sie mit Ihrem Gewicht zufrieden sind.

Einleitung

# Vegan fasten – den Tagesplan selbst gestalten

Wählen Sie die Rezepte aus, die Ihnen am meisten zusagen. Wichtig ist, dass Sie pro Tag drei Mahlzeiten mit insgesamt ca. 900 kcal zu sich nehmen.

### Frühstück
Müsli oder eine warme Getreidespeise (Rezepte ab S. 22).

### Mittagessen
Gemüsegerichte, eine Kartoffelbeilage (Rezepte ab S. 76) oder 200 g gedämpfte Kartoffeln und dazu ein bunt gemischter Fastensalat (Rezepte ab S. 36).
alternativ: Salat als Hauptgericht (Rezepte ab S. 36), eine Kartoffelbeilage (Rezepte ab S. 76) oder 200 g gedämpfte Kartoffeln und dazu eine Frucht als Dessert.

### Abendessen
Am besten nicht später als 18 Uhr!
2 Portionen Suppe bestreut mit reichlich frischen Kräutern (Rezepte ab S. 57).

### Genug trinken
Täglich 2–3 Liter Kräutertees, Wasser (ohne Kohlensäure), Wasser mit Zitronensaft (ohne Zucker)
Nach dem Abendessen sollten Sie außer Kräutertees und Wasser nichts mehr zu sich nehmen.

### Sie essen dreimal am Tag
Sie nehmen leichter ab, wenn Sie nur dreimal am Tag essen. Die Portionen sind groß und erfahrungsgemäß werden Sie zwischendurch auch nicht hungrig. Andernfalls ist rohes, klein geschnittenes Gemüse erlaubt.

### Sie können zum Frühstück nicht so viel essen?
Das übrige Müsli und die Früchte einpacken und im Lauf des Tages oder mittags als Dessert essen.

### Suppe mittags und Gemüse am Abend
Abends eine Suppe, das wärmt und entspannt. Sie können die Suppe aber auch mittags essen und das Gemüsegericht am Abend. Gestalten Sie Ihren Speiseplan so, dass er optimal zu Ihrem Tagesablauf passt.

### Fastensalat einmal am Tag
Wenn es für Sie einfacher ist und es Ihnen bekommt, dann können Sie den Fastensalat auch abends essen.

### Wie lange soll ich Vegan Fasten?
In einer Woche nehmen Sie zwei bis vier Kilo ab. Wenn Sie sich fit fühlen, dann können Sie auch eine zweite Woche Vegan Fasten.

### Wenn Sie sehr viel Sport betreiben, brauchen Sie mehr Kalorien
Sie machen mehrmals in der Woche ein längeres, sehr anstrengendes Training? Dann brauchen Sie mehr als 900 kcal pro Tag. Essen Sie größere Portionen, eine Suppe als Vorspeise vor dem Gemüsegericht, mehr Kartoffelbeilagen, ein Dessert, und zwischendurch als Snack Bananen und Haselnüsse. Kochen Sie mit etwas mehr Öl.

# Die erste Woche vegan fasten mit ca. 900 kcal pro Tag

### Frühstück

Müsli oder eine warme Getreidespeise (Rezepte ab S. 22).

### Jeden Tag zwei Hauptmahlzeiten
Mittags oder abends, wann Sie das Gemüsegericht oder die Suppe essen, bestimmen Sie selbst. Die Suppe gilt als Hauptmahlzeit, darum können Sie 2 Portionen davon genießen.

### Fastensalat einmal pro Tag
Den Fastensalat (Beschreibung S. 35) können Sie zum Mittag- oder Abendessen als Beilage verspeisen, ganz wie es Ihnen bekommt und in Ihren Tagesplan passt.

### Ganz nach Ihrem Appetit
Sie können einzelne Gerichte tauschen oder größere Suppenportionen kochen und an zwei aufeinanderfolgenden Tagen dieselbe Suppe essen. Die Hauptsache ist, die Tageskalorienzufuhr bleibt gleich.

Alle Kartoffelbeilagen-Rezepte können Sie durch 200 g gedämpfte Kartoffeln ersetzen.

**1. Tag** — Cremige Champignons im eigenen Saft (S. 86), dazu Folienkartoffeln (S. 76) und Karotten-Tomaten-Suppe mit Basilikum-Dip (S. 73)

**2. Tag** — Karotten, Fenchel und Ananas mit pikanter Mandarinensoße (S. 82), dazu 200 g gedämpfte Kartoffeln und Alles-Spargel-Suppe (S. 60)

**3. Tag** — Blumenkohl in aromatischer Tomatensoße (S. 87), dazu gratinierte Kartoffelscheiben (S. 94) und Frühlingssuppe mit Spinat und Brunnenkresse (S. 65)

**4. Tag** — Kohlrabi in Basilikum-Kokos-Soße (S. 82), dazu 200 g gedämpfte Kartoffeln und Kürbis-Orangen-Suppe (S. 59)

**5. Tag** — Aus dem Schmortopf Karotten, Bleichsellerie, Lauch und Tomaten, dazu Knoblauch-Kartoffel-Mayonnaise (S. 92) und Kräuter-Bouillon mit Blumenkohl und Kartoffeln (S. 66)

**6. Tag** — Gegrillte Paprika mit Provencekräutern (S. 94), dazu Petersilien-Kartoffel-Püree (S. 87) und die blitzschnelle Rote-Beete-Kartoffel-Suppe (S. 59)

**7. Tag** — Kohlrabi, Sprossen und Tofu in pikanter Soße (S. 97), dazu 200 g gedämpfte Kartoffeln und Basensuppe für ein gutes Bauchgefühl (S. 57) – für diese Suppe können Sie alle Gemüsereste verwerten.

Einleitung

# Die zweite Woche Vegan fasten
## mit ca. 900 kcal pro Tag

### Frühstück
Müsli oder warme Getreidespeise (Rezepte ab S. 22).

### Jeden Tag zwei Hauptmahlzeiten
Mittags oder abends, wann Sie das Gemüsegericht oder die Suppe essen, bestimmen Sie selbst. Die Suppe gilt als Hauptmahlzeit, darum können Sie 2 Portionen davon genießen.

### Fastensalat einmal pro Tag
Den Fastensalat können Sie zum Mittag- oder Abendessen verspeisen, ganz wie es Ihnen bekommt und in Ihren Tagesplan passt.

### Ganz nach Ihrem Appetit
Sie können einzelne Gerichte tauschen oder größere Suppenportionen kochen und an zwei aufeinanderfolgenden Tagen dieselbe Suppe essen. Hauptsache ist, die Tageskalorienzufuhr bleibt gleich.

Alle Kartoffelbeilagen-Rezepte können Sie durch 200 g gedämpfte Kartoffeln ersetzen.

**1. Tag**    Brokkoli in Kerbel-Nuss-Soße dazu Folienkartoffeln (S. 76) und Paprika-Pastinaken-Suppe (S. 66)

**2. Tag**    Unter Rühren gebraten – Karotten und Mangold (S. 75), dazu gratinierte Kartoffelscheiben (S. 94) und cremige Kokossuppe mit Spinat, Brokkoli, Zucchini und Lauch (S. 70)

**3. Tag**    Blumenkohl-Zucchini-Curry (S. 84) mit 200 g gedämpften Kartoffeln und Kürbis-Maroni-Suppe mit Vanille (S. 67)

**4. Tag**    Geschmorte Pilzköpfe in pikanter Traubensoße (S. 79), dazu Petersilien-Kartoffelpüree (S. 87) und Blumenkohl-Frühlingszwiebel-Suppe (S. 60)

**5. Tag**    Ofenkürbis mit Spinat und Tomaten (S. 83), dazu 200 g gedämpfte Kartoffeln und Sellerie-Lauch-Cremesuppe mit Pilzen (S. 58)

**6. Tag**    Frühlingszwiebeln und Zucchini aus dem Wok, gebratener Sonnentomaten-Tofu, Curry-Kartoffeln (S. 81) und Brokkolicremesuppe mit Fenchel-Croûtons (S. 62)

**7. Tag**    Herzhaftes Kartoffel-Gröstl mit Pilzen (S. 91) und Basensuppe für ein gutes Bauchgefühl (S. 57) – für diese Suppe können Sie alle Gemüsereste verwerten.

## 2. Schlank bleiben und wohlfühlen

Beim VEGAN FASTEN haben Sie sich an den leichten, frischen Geschmack selbst gekochter Speisen gewöhnt. Die beste Voraussetzung, um jetzt die Essgewohnheiten zu ändern, und die einzige Möglichkeit, dauerhaft schlank zu bleiben. Nutzen Sie diese große Chance! Fallen Sie nicht in einseitiges Essverhalten zurück, sonst schlägt der Jo-Jo–Effekt unbarmherzig zu. Mehr Kilos denn je sind blitzschnell wieder da, auch der latenten Übersäuerung werden Tür und Tor geöffnet.

Mit einer veganen Ernährung ist es einfach, das Gewicht zu halten oder weiter abzunehmen. Das belegen auch großangelegte Studien. Sie kamen zu dem Ergebnis, dass Vegetarier – und dazu wurden auch Veganer gerechnet – schlanker sind als der Rest der Bevölkerung. Sogar um ihren Gesundheitszustand ist es besser bestellt. Veganer leben länger, haben ein geringeres Risiko an Brust-, Prostata- und Darmkrebs, Diabetes mellitus Typ 2 zu erkranken. Sie leiden weniger an Herz-Kreislauf-Erkrankungen, Rheumatismus und Bluthochdruck.

Das klingt überzeugend. Allerdings darf angesichts dieser frohen Botschaft nicht vergessen werden, dass diese positiven Effekte nur eintreten, wenn es sich dabei um ein vollwertiges veganes Essen handelt und nicht um eine einseitige vegane Ernährung, die zu viel Fett, Zucker und denaturierte, industrielle Fertigprodukte enthält. Man könnte diese figurfeindliche Form der Nahrungsaufnahme als Puddingveganismus bezeichnen, der auch die Säure-Basen-Balance bedroht.

### Vegan schlank bleiben – Bewährtes beibehalten und Gutes hinzufügen

Wie sieht es aus, das vollwertige vegane Essen, das schlank hält und weiteres Abnehmen begünstigt? Es funktioniert nach dem Prinzip: Bewährtes beibehalten und Gutes hinzufügen. Die Rezepte für Frühstück, Salate, Suppen, Gemüse und fruchtig Süßes, die Sie beim VEGAN FASTEN genossen haben, bleiben Teil des schlanken Speiseplans. Erstens schmecken sie einfach gut, werden immer wieder gern gegessen und auch das Kochen geht schneller von der Hand, wenn man ein Rezept schon mehrmals zubereitet hat. Zweitens sind diese neuen Leibspeisen kalorienarm, dazu vitalstoffreich, also ideale Bausteine für ein gesundes Essen, das Schlankheit und Wohlbefinden sichert.

### Vollkorngetreide und Hülsenfrüchte gehören dazu

Damit die vegane Ernährung auf die Dauer komplett ist, kommen nach dem VEGAN FASTEN auch Vollkornprodukte und Hülsenfrüchte auf den Tisch. Wir brauchen die lebensnotwendigen Vitalstoffe und wertvollen Nährstoffe aus diesen natürlichen Lebensmitteln. Vollkorngetreide und Hülsenfrüchte sind reich an wichtigen B-Vitaminen. Diese stärken Nerven und Haut, liefern verdauungsfördernde Ballaststoffe, blutbildendes Eisen und Zink – den unersetzlichen Mineralstoff für zahllose Stoffwechselvorgänge. Zink sichert die Wundheilung, stärkt das Immunsystem und regt die Fettverbrennung an.

Vollkorngetreide und Hülsenfrüchte sind auch, was die Qualität und Quantität von Eiweiß, Fett und Kohlenhydraten betrifft, maßgeschneidert für die schlanke, gesunde Ernährung. Sie versorgen uns mit viel gut verwertbarem Eiweiß, dem Baustein für Muskeln, Zellen und abwehrkräftesteigernden Enzymen, haben dabei aber einen sehr geringen Fettgehalt. Auf die komplexen Kohlenhydrate aus Vollkorngetreide und Hülsenfrüchten können wir auch nicht verzichten. Sie sind die idealen Energielieferanten, halten uns munter und leistungsfähig – sowohl körperlich als auch geistig – sowie bei guter Laune.

Einleitung

# Weiter abnehmen mit Genuss
## 1500 kcal pro Tag – das Wochenprogramm

Wenn Sie etwas langsamer, dafür aber stetig noch mehr abnehmen wollen, ist das folgende Programm ideal. Sie können dabei köstlich essen und die Portionen sind üppig.
Auf meiner Website www.elisabeth-fischer.com finden Sie noch zwei weitere Wochenpläne mit 1500 kcal pro Tag.

### Jeden Tag
Sie essen Frühstück, Mittagessen, Abendessen und zwei Snacks.

### Frühstück zur Auswahl
Müsli oder warme Getreidespeise (Rezepte ab S. 22)
oder
100 g Vollkornbrot mit je 50 g Avocado-Creme, Brokkoli-Kartoffel-Aufstrich oder Kürbis-Kartoffel-Aufstrich (Rezepte S. 100), dazu 1 Tomate, 100 g Gurken oder 5 Radieschen

### Je ein Snack morgens und nachmittags
1 Vollkornknäcke mit 2 EL pikantem Aufstrich (S. 100) und 100 g rohes Gemüse
oder
Sommer-Smoothie (S. 31)
oder
1 Stück Zwetschken-Pizza oder Birnen-Strudel (S. 151)
oder
sämtliche fruchtig-süßen Rezepte, die nicht mehr als 150 kcal pro Portion haben (ab S. 134)
oder
200 g Früchte (außer Bananen)

### 2–3 Liter trinken
Trinken Sie ungesüßte Kräutertees, Wasser, ungesüßtes Zitronenwasser, das besonders die Fettverbrennung anheizt.

## 1. Tag

**Mittag**
Kohlrabi in Basilikum-Kokos-Soße (S. 82), dazu 1 Portion Naturreis (50 g ungekocht) und 200 g Ananas zum Dessert

**Abend**
Fenchel-Grapefruit-Salat auf Radicchio (S. 51), dazu 100 g Vollkornbaguette

## 2. Tag

**Mittag**
Herzhaftes Kartoffel-Gröstl mit Pfifferlingen (S. 91), dazu Salatcocktail mit Gurke, Radieschen, Tomate und Paprika (S. 46)

**Abend**
Asia-Nudeltopf mit Brokkoli und Sprossen (S. 111), zum Dessert 200 g Zuckermelone

## 3. Tag

**Mittag**
Tomaten-Topinambur-Suppe (S. 62), „Milchreis" mit Zimt und Kardamom, dazu Apfelmus (S. 145)

**Abend**
Wrap mit Spicy-Tofu und Raspelgemüse (S. 105), zum Dessert 1 Birne

## 4. Tag

**Mittag**
Spaghetti mit Paprikasoße und Basilikum-Knoblauch-Zucchini (S. 117), dazu Salat (150 g Blattsalate und klein geschnittenes Gemüse mit Tomaten-Kartoffel-Dressing, S. 37)

**Abend**
Brokkolicremesuppe mit Fenchel-Croûtons (S. 62) – Hauptspeise, darum 2 Portionen essen und 1 Apfel

## 5. Tag

**Mittag**
Blumenkohl-Zucchini-Curry (S. 84), dazu Couscous mit Granatapfel (S. 123), 200 g Zwetschken oder Apfel zum Dessert

**Abend**
2 geröstete Vollkorntoasts mit 50 g Avocadocreme mit Basilikum (S. 100), dazu Salat (200 g fein geschnittenes Gemüse und Blattsalate mit blitzschnellem Senf-Dressing, S. 36)

## 6. Tag

**Mittag**
Ofenkürbis (S. 83) mit geschmorten Paprikaschoten und Kichererbsen, dazu 50 g Vollkornbaguette, als Dessert gebratene Ananas mit Kirschensoße (S. 146)

**Abend**
Provençalischer Salat mit grünen Bohnen (S. 49), als Dessert 1 Orange

## 7. Tag

**Mittag**
Spinat-Pilz-Risotto (S. 122), als Dessert Pfirsich-Zwetschken-Mus (S. 136)

**Abend**
Salat mit Avocado, Erdbeeren und Zucchini-Basilikum-Dressing (S. 42), dazu knusprige Kartoffelscheiben (S. 50)

Sie können die Gerichte mittags und abends auch tauschen oder die Reihenfolge ändern, ganz wie es zu Ihrem persönlichen Tagesplan passt.

### Kohlenhydrate – wir brauchen die richtigen!

Was die viel diskutierten und oft geschmähten Kohlenhydrate betrifft, so gilt es, zwischen „schlechten" Kohlenhydraten aus Zucker und Weißmehlprodukten und „guten" aus Vollkorngetreide, Hülsenfrüchten und Kartoffeln zu unterscheiden.

„Schlechte" Kohlenhydrate werden schnell aufgespalten, treiben den Blutzuckerspiegel in die Höhe, steigern die Produktion von Insulin, dem Fetteinbau-Hormon. Besonders grimmig wird es, wenn zuckrige Weißmehlspeisen viel Fett enthalten, das dann mit Hilfe des Insulins in immer größer werdenden Polstern eingelagert wird. Aber damit nicht genug. Nach seinem Höhenflug sackt der Blutzuckerspiegel auch schnell wieder ab, Heißhungerattacken sind die Folge, und das Dickwerden geht in die nächste Runde.

Im Gegensatz dazu werden die „guten" komplexen Kohlenhydrate aus Vollkornprodukten, Hülsenfrüchten und Kartoffeln nur langsam aufgespalten. Das hält den Blutzuckerspiegel konstant und die Insulinproduktion in Schach. Vollkornprodukte, Hülsenfrüchte und Kartoffeln versorgen uns mit einem konstanten Energiefluss, machen – fettarme Zubereitung vorausgesetzt – nicht dick, fördern jedoch mit lebensnotwendigen Vitalstoffen die Gesundheit

### Selbst kochen schützt das Wunschgewicht

Überlassen Sie die Entscheidung darüber, ob Sie schlank bleiben oder dick werden nicht der Lebensmittelindustrie. Die Regale mit veganen Fertigprodukten in den Geschäften werden immer länger. Allerdings gefährdet so einiges, das unter dem Etikett „vegan" daherkommt, die schlanke Linie. Häufig verbergen sich in diesen Produkten sehr viel Fett, auch gehärtetes, dazu viel Zucker, isolierte Stärke und isoliertes Gluten. Auch mit reichlich Geschmacksverstärkern und Salz muss gerechnet werden, vor allem bei sogenanntem Fleischersatz in befremdlichen Geschmacksrichtungen wie „Rind", Huhn" oder gar „Kaninchen".

Behalten Sie den Kochlöffel fest in der Hand, dann wissen Sie, was auf den Teller kommt. Wenn Sie selbst kochen, können Sie das Fett genau und sparsam dosieren und damit den Kaloriengehalt Ihres Essens gering halten. Kaufen Sie Obst und Gemüse im Einklang mit der Jahreszeit, am besten aus der Region. Kochen Sie schonend, so bleiben die wertvollen Vitamine erhalten. Bevorzugen Sie für Getreidespeisen das volle Korn, würzen Sie mit wenig Salz, dafür mit reichlich Kräutern und Gewürzen.
Kurzum, behalten Sie die Kontrolle über Ihr Essen, dann schützen Sie nicht nur Ihr Wunschgewicht, sondern auch Ihre Gesundheit.

# Für immer schlank

Wenn Sie Ihr Wunschgewicht erreicht haben, dann wollen Sie es auch halten. Darum ist es hilfreich, Ihren täglichen Kalorienbedarf zu kennen. Jeder Mensch ist einzigartig, auch was seinen Kalorienverbrauch betrifft. Wie viel Energie Ihr Körper täglich verbrennt, ist von verschiedenen Faktoren abhängig. Zum einen vom Alter. Mit den Jahren arbeitet der Stoffwechsel langsamer, braucht darum weniger Kalorien. Was Sie mit 30 problemlos essen konnten, macht sich im Alter von 50 Jahren auf der Waage bemerkbar. Auch körperliche Bewegung beeinflusst den Kalorienverbrauch entscheidend. Sitzen Sie bei der Arbeit die ganze Zeit am Schreibtisch oder müssen Sie sich auch körperlich anstrengen? Wie gestalten Sie Ihre Freizeit? Wenn Sie mehrmals pro Woche Ausdauersport treiben, routinemäßig Treppen steigen statt Aufzug fahren, zu Fuß gehen statt Auto fahren und lieber tanzen statt fernsehen, verbrennen Sie deutlich mehr Kalorien, und das Schlankbleiben fällt leicht.

Ich habe im Internet einen praktischen Kalorienbedarfsrechner entdeckt\*. Damit können Sie in wenigen Minuten bestimmen, wie viele Kalorien Sie täglich verbrauchen. Angenommen, Sie benötigen 1900 Kalorien, so stellen Sie jetzt mit den Rezepten dieses Buches einen Tagesplan mit 1900 kcal zusammen. Sie werden erstaunt sein, wie viel und wie abwechslungsreich 1900 kcal sein können. Wenn Sie ein bis zwei Wochen Ihren Speiseplan nach dieser Methode gestalten, bekommen Sie ein gutes Gefühl dafür, wie Ihre Gerichte zusammengesetzt sein müssen, damit die 1900 kcal nicht überschritten werden. Mit der Zeit können Sie auf die Rechenübungen verzichten. Das liest sich jetzt sehr theoretisch, lassen Sie sich davon nicht abschrecken. Freuen Sie sich auf ein köstliches Essen, mit dem Sie schlank bleiben. Überhaupt keine Lust auf Berechnungen? Auch kein Problem, genießen Sie sich nach Herzenslust durch dieses Kochbuch, auch das hält schlank.

### In der Säure-Basen-Balance bleiben

Sie können auch nach dem VEGAN FASTEN den Säure-Basen-Haushalt im Gleichgewicht halten. Eiweißreiche Vollkornprodukte und Hülsenfrüchte sind schwach säurebildend. Das ist aber kein Grund zur Beunruhigung. Bei einer vollwertigen veganen Ernährung, wie ich sie in diesem Buch vorstelle, wird dadurch das Säure-Basen-Gleichgewicht nicht gefährdet. Ich kombiniere in meinen Rezepten Vollkornprodukte und Hülsenfrüchte immer mit reichlich Gemüse, Kräutern, Früchten und Trockenfrüchten. Damit wird diese sowieso geringe Säurebildung mehr als ausgeglichen. Wenn Sie zu meinen Gemüsegerichten eine Getreidebeilage essen, kommen Sie ins Basenplus. Gemüsesuppe als Vorspeise, Salat zum Hauptgericht und Fruchtiges zum Dessert verstärken es noch.

### Schlau kombinieren bringt den Basenüberschuss\*\*

| Säurebildend | | Basenbildend |
|---|---|---|
| 50 g Vollkornbrot | ausgeglichen durch | 50 g Paprika + 50 g Radieschen |
| 80 g Vollkornspaghetti, ungekocht\* | ausgeglichen durch | 150 g Brokkoli + 20 g Basilikum |
| 50 g Naturreis, ungekocht\* | ausgeglichen durch | 60 g Spinat |
| 50 g Linsen, ungekocht\* | ausgeglichen durch | 100 g Tomate |
| 50 g Hirse, ungekocht\* | ausgeglichen durch | 50 g Karotten |

\* 1 Portion

---

\* www.bildderfrau.de > Diät & Ernährung > Diät & Abnehmen > Kalorien-Bedarfsrechner
\*\* Auf der Internetseite des Säure-Basen-Forums finden Sie auch einen Säure-Basen-Rechner. Damit können Sie feststellen, ob ein Essen ausgeglichen ist. Nahrungsmitteltabelle nach Remer und Manz (1995) auf www.saeure-basen-forum.de.

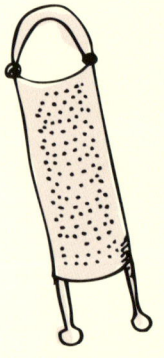

# Frühstück & Smoothies

## VEGAN FASTEN

Fruchtiges Müsli oder warmes Getreidegericht – Sie können wählen, womit Sie in den Tag starten. In diesem Kapitel finden Sie auch eine Frühstückssuppe mit Gemüse, einen Smoothie mit Getreideflocken und ein pikantes Müsli. Fruchtig süß oder kräuterwürzig, worauf immer Sie Appetit haben, Hauptsache, Sie lassen diese wichtige Mahlzeit nicht aus. Das Frühstück leistet einen wichtigen Beitrag zum Erfolg des VEGAN FASTEN. Es sorgt dafür, dass Sie ohne Hungergefühle durch den Vormittag kommen, befeuert gleich am Morgen den Stoffwechsel mit aufbauenden Bio-Stoffen. Sie können morgens nicht so viel essen? Dann packen Sie das übrige Frühstück ein und verspeisen Sie es als Snack vor dem Mittagessen. Sie brauchen diese Nährstoffe.

Smoothies und warme Getränke, wann gibt es die beim VEGAN FASTEN? Um das Wochenprogramm (S. 13) so einfach wie möglich zu gestalten, habe ich die Smoothies nicht erwähnt. Sie können aber statt des Fastensalats zur Hauptmahlzeit einen frisch gemixten Smoothie als Vorspeise genießen. Wenn Sie in der kalten Jahreszeit VEGAN FASTEN, dann wärmt ein heißer Früchtepunsch am Nachmittag.

## VEGAN SCHLANK BLEIBEN

Weiterhin gilt: Sie brauchen eine energieliefernde, aber trotzdem leichte Mahlzeit am Morgen. Darum gibt es auch nach dem VEGAN FASTEN abwechslungsreiche Müslis und Getreidespeisen zum Frühstück. Wenn Sie den Tag aber gerne mit Brot, Brötchen und Toasts in der Vollkornversion beginnen, dann finden Sie ab S. 100 passende herzhafte Aufstriche. Essen Sie dazu auch reichlich Tomaten, Gurken, Radieschen – kurzum jedes rohe Gemüse, das Ihnen schmeckt.

Smoothies gibt es jetzt als kleinen Snack zwischendurch, im Sommer werden sie als erfrischende Vorspeise serviert und sie bringen den Vitalstoff-Kick, wenn es als schnelle Hauptmahlzeit Wraps oder belegte Brötchen gibt.

## Poppiges Amaranth-Müsli mit Erdbeeren, Nüssen und Cranberrys (Foto)
Für 2 Portionen

Zutaten
- 250 g Erdbeeren, kleine Stücke
- 1 Orange, kleine Stücke
- Saft von 1 Orange
- 300 g Sojajoghurt, natur
- ¼ TL Zimtpulver
- 30 g Amaranth-Pops
- 1 EL Cranberrys
- 1 EL Haselnüsse, gehackt

Erdbeeren, Orangen und Orangensaft vermischen. Sojajoghurt und Zimt verrühren.

Amaranth-Pops portionsweise in hohen Gläsern anrichten, darauf den Erdbeer-Orangen-Salat und den Zimt-Joghurt geben. Müsli mit Haselnüssen und Cranberrys bestreuen.

Pro Portion 263 kcal, 12 g F, 12 g E, 52 g KH, 0 mg Chol

## Müsli mit Birne, Pflaumen, Mandarinen und Walnüssen
Für 2 Portionen

Zutaten
- 40 g Dinkelflocken
- 3 getrocknete Pflaumen, gehackt
- 120 ml Wasser
- 300 g Sojajoghurt, natur
- 1 süße, saftige Birne, grob geraspelt
- 2 Mandarinen, kleine Stücke
- 1 EL Walnüsse, gehackt
- ¼ TL Zimtpulver

Am Vorabend Dinkelflocken und Pflaumen mit dem Wasser vermischen, zudecken und über Nacht kalt stellen.

Morgens aufgequollene Dinkelflocken, Einweichwasser, Pflaumen, Sojajoghurt, Birne, Mandarinen, Nüsse und Zimt vermischen.

Pro Portion 275 kcal, 10 g F, 15 g E, 32 g KH, 0 mg Chol

## Müsli mit Apfel, Kiwi und Orange
Für 2 Portionen

### Zutaten
- 40 g Getreideflocken
- 120 ml Wasser
- 300 g Sojajoghurt, natur
- 1 kleiner Apfel, grob geraspelt
- 1 Kiwi, kleine Stücke
- 1 Orange, kleine Stücke
- 2 EL Rosinen, gehackt
- 1 EL Haselnüsse, gehackt

Am Vorabend Getreideflocken und Wasser vermischen, zudecken, über Nacht kalt stellen.

Morgens aufgequollene Getreideflocken, Einweichwasser, Sojajoghurt, Apfel, Kiwi, Orangen, Rosinen und Nüsse vermischen.

Pro Portion 298 kcal, 9 g F, 13 g E, 38 g KH, 0 mg Chol

## Müsli mit Melonen, Himbeeren und Erdmandeln
Für 2 Portionen

### Zutaten
- 300 g Zuckermelone, kleine Stücke
- 150 g Himbeeren
- 2 Datteln, gehackt
- Saft von 2 Orangen
- ¼ TL Zimtpulver
- 30 g Erdmandelflocken
- 1 EL Cashewnüsse, gehackt

Zuckermelone, Himbeeren, Datteln, Orangensaft und Zimt vermischen. Erdmandeln und Cashewnüsse unterrühren.

Pro Portion 273 kcal, 8 g F, 5 g E, 42 g KH, 0 mg Chol

# Porridge mit Aprikosen
## Für 2 Portionen

### Zutaten
- 60 g Hafer, fein geschrotet
- ½ TL Zimtpulver
- Muskatnuss, frisch gerieben
- 200 ml Wasser
- 250 ml Sojadrink, ungesüßt
- 4 getrocknete Aprikosen (Marillen), gehackt
- ½ TL Bio-Zitronenschale, fein gehackt
- Salz
- Saft von 4 Mandarinen

In einem beschichteten Topf den Haferschrot mit Zimt und Muskat unter Rühren kurz anrösten. Wasser, Sojadrink, Aprikosen, Zitronenschale und 1 Prise Salz unterrühren. Porridge ca. 15 Minuten leicht kochen, dabei ab und zu umrühren. Der Hafer soll körnig weich sein.

Porridge in einem tiefen Teller anrichten und mit Mandarinensaft umgießen.

Pro Portion 245 kcal, 5 g F, 9 g E, 38 g KH, 0 mg Chol

### Dazu passen Frucht- und Beerensossen:
Im Sommer 200 g klein geschnittene, sonnenreife Aprikosen mit 100 ml Orangensaft pürieren und den Porridge damit umgießen. Im Winter 200 g tiefgekühlte Erdbeeren oder Himbeeren auftauen, mit 100 ml Orangensaft und 2 TL Rosinen zu einer Soße mixen.

# Herzhafte Frühstückssuppe mit Gemüse
## Für 2 Portionen

### Zutaten
- 80 g Haferflocken (oder andere Getreideflocken)
- Muskatnuss, frisch gerieben
- 600 ml Gemüsebrühe (Gemüsesuppe)
- 1 TL Öl
- ½ TL Liebstöckel, getrocknet
- 300 g Karotten, grob geraspelt
- 50 g Sellerie, grob geraspelt
- 2 EL Schnittlauch, fein geschnitten
- 2 EL Petersilie, fein gehackt

Getreideflocken und Muskat in einem beschichteten Topf unter Rühren kurz anrösten. Mit Gemüsebrühe aufgießen, Öl und Liebstöckel dazugeben. Suppe im offenen Topf ca. 10 Minuten köcheln.

Karotten und Sellerie untermischen, nur einen Moment erhitzen. Frühstückssuppe portionsweise anrichten, mit Schnittlauch und Petersilie bestreuen.

Pro Portion 220 kcal, 6 g F, 7 g E, 34 g KH, 0 mg Chol

# Aromatische Hafersuppe mit Trauben (Foto)
## Für 2 Portionen

### Zutaten
- 500 ml Sojadrink, ungesüßt
- 1 EL Rosinen, gehackt
- 60 g Haferflocken
- 1 TL Bio-Zitronenschale, fein gehackt
- 1 TL Bio-Orangenschale, fein gehackt
- 1 TL frischer Ingwer, fein gehackt
- ¼ TL Zimtpulver
- Samen aus 2 Kardamomkapseln, zerstoßen
- 100 g rote Trauben, halbiert
- 100 g weiße Trauben, halbiert

Sojadrink und Rosinen mit dem Mixstab fein pürieren.

Haferflocken in einem kleinen Topf unter Rühren kurz anrösten. Sojadrink, Zitronen- und Orangenschale, Ingwer, Zimt und Kardamom dazugeben. Hafersuppe zum Kochen bringen und im geöffneten Topf ca. 6 Minuten köcheln.

Hafersuppe portionsweise anrichten, mit Trauben bestreuen.

Pro Portion 289 kcal, 8 g F, 12 g E, 41 g KH, 0 mg Chol

### Schöner frühstücken
Die Hafersuppe mit Zitronen- und Orangenzesten garnieren, im Sommer auch mit Minzeblättchen bestreuen.


# Grits mit Kokosmilch, Ananas und Granatapfel
## Für 2 Portionen

### Zutaten
- 100 ml Kokosmilch
- 300 ml Wasser
- 2 getrocknete Feigen, kleine Stücke
- 40 g feiner Weizenvollkorngrieß
- ¼ TL Zimtpulver
- abgeriebene Schale von ½ Bio-Zitrone
- 200 g frische Ananas, sehr kleine Stücke
- Kerne aus ½ Granatapfel

Kokosmilch, Wasser und Feigen in einem Topf fein pürieren und zum Kochen bringen.

Grieß, Zimt und Zitronenschale untermischen, unter Rühren in ca. 5 Minuten einen nicht zu dicken Brei kochen. Bei Bedarf noch etwas Wasser und Kokosmilch dazugeben. Ananas untermischen.

Kokos-Grits portionsweise anrichten, mit Granatapfelkernen bestreuen.

Pro Portion 281 kcal, 10 g F, 5 g E, 44 g KH, 0 mg Chol

FRÜHSTÜCK & SMOOTHIES

FRÜHSTÜCK SCHLÜCKCHENWEISE!

# Müsli-Smoothie
## Für 2 Gläser

### Zutaten
- 1 EL Rosinen, gehackt
- 30 g Getreideflocken
- 150 ml kaltes Wasser
- 1 süße, saftige Birne, kleine Stücke
- 150 g TK-Himbeeren, aufgetaut
- 300 ml frisch gepresster Orangensaft
- 1 TL Zitronensaft

Rosinen und Getreideflocken mit Wasser vermischen, 30 Minuten quellen lassen.

Rosinen, Getreideflocken, Einweichwasser, Birne, Himbeeren, Orangen- und Zitronensaft im Mixer oder mit dem Pürierstab zu einem glatten Smoothie mixen.

Pro Portion 202 kcal, 2 g F, 5 g E, 39 g KH, 0 mg Chol

### Manche mögen's herzhaft: Gazpacho-Frühstücks-Smoothie

Für 2 Gläser: 30 g Hafer- oder Reisflocken mit 100 ml kaltem Wasser vermischen, etwas quellen lassen. Getreideflocken, Einweichwasser, 500 g klein geschnittene Tomaten, 100 g klein geschnittene Gurken und 1 EL gehackte Cashewnüsse im Mixglas fein pürieren. Frühstücks-Smoothie mit einer Prise Salz und Pfeffer abschmecken, mit 1 EL gehacktem Basilikum bestreuen.

# Spinat-Avocado-Birnen-Smoothie
## Für 2 Gläser

### Zutaten
- 1 kleine, reife Avocado, Stücke
- 1 reife, saftige Birne, kleine Stücke
- 1 TL frische Minze, gehackt
- 1 EL frisches Basilikum, gehackt
- 50 g junger Spinat
- 1 EL Zitronensaft
- 1 TL Bio-Zitronenschale, gehackt
- 300 ml kaltes Wasser

Avocado, Birne, Minze, Basilikum, Spinat, Zitronensaft, Zitronenschale und kaltes Wasser in das Mixglas geben und zu einem glatten, cremigen Smoothie pürieren.

Wenn der Smoothie zu dickflüssig wird, noch etwas kaltes Wasser dazugeben. Smoothie mit Zitronensaft abschmecken.

Pro Portion 217 kcal, 18 g F, 3 g E, 11 g KH, 0 mg Chol

## Sommer-Smoothie mit Melone, Pfirsich, Aprikose und Erdbeeren
### Für 2 Gläser

#### Zutaten
- 250 g Melonen (Wasser- und/oder Zuckermelonen), kleine Stücke
- 100 g reife Pfirsiche, kleine Stücke
- 100 g reife Aprikosen (Marillen), kleine Stücke
- 100 g Erdbeeren, Stücke
- 200 ml Orangensaft, frisch gepresst

Melonen, Pfirsiche, Aprikosen, Erdbeeren und Orangensaft im Mixer zu einem glatten Smoothie verarbeiten.

Pro Portion 150 kcal, 1 g F, 3 g E, 31 g KH, 0 mg Chol

## Smoothie mit Banane, Kokos, Karotten und Roter Beete
### Für 2 Gläser

#### Zutaten
- ½ reife Banane, kleine Stücke
- 200 ml Karottensaft, frisch gepresst oder aus der Flasche
- 200 ml Rote-Beete-Saft (Roter-Rüben-Saft), frisch gepresst oder aus der Flasche
- 100 ml Kokosmilch
- ½ TL frischer Ingwer, gehackt
- ½ TL Bio-Zitronenschale, gehackt
- 1–2 EL Limetten- oder Zitronensaft

Bananen, Karottensaft, Rote-Beete-Saft, Kokosmilch, Ingwer, Zitronenschale und Limettensaft im Mixer oder mit Mixstab zu einem glatten Smoothie verarbeiten.

Pro Portion 183 kcal, 9 g F, 4 g E, 23 g KH, 0 mg Chol

### Der super Zeitspar-Smoothie
Karotten- und Rote-Beete-Saft gibt es in guter Qualität fertig zu kaufen. Darum ist dieser Smoothie im wahrsten Sinn des Wortes im „Mixerumdrehen" fertig.

FRÜHSTÜCK & SMOOTHIES

*Es geht auch heiss!*

# Heisser Erdbeer-Ananas-Orangen-Smoothie
## Für 2 Gläser

### Zutaten
- 2 EL getrocknete Ananas, kleine Stücke
- 150 ml Wasser
- 150 g TK-Erdbeeren
- 200 ml frisch gepresster Orangensaft

Ananas und Wasser zum Kochen bringen, 5 Minuten köcheln lassen. Tiefgekühlte Erdbeeren dazugeben, kurz erhitzen, bis die Erdbeeren aufgetaut sind.

Alles im Mixglas oder mit dem Mixstab fein pürieren, eventuell durch ein Sieb streichen.
Orangensaft unterrühren. Smoothie erhitzen, aber nicht mehr aufkochen lassen.

Pro Portion 98 kcal, 1 g F, 2 g E, 19 g KH, 0 mg Chol

# Himbeer-Feigen-Punsch
## Für 2 Gläser

### Zutaten
- 200 ml Wasser
- 2 getrocknete Feigen, kleine Stücke
- 1 Zimtstange
- 1 Nelke
- 1 kleines Stück Bio-Orangenschale (2 x 4 cm)
- 150 g TK-Himbeeren
- 200 ml Orangensaft

Wasser mit Feigen, Zimt, Nelke und Orangenschale zum Kochen bringen. 5 Minuten zugedeckt köcheln lassen. Zimt, Nelke und Orangenschale aus dem Topf entfernen.

Tiefgekühlte Himbeeren dazugeben, kurz erhitzen, bis die Himbeeren aufgetaut sind. Alles mit dem Mixstab fein pürieren, eventuell durch ein Sieb streichen.

Orangensaft untermischen, kurz erhitzen, aber nicht aufkochen lassen.

Pro Portion 102 kcal, 1 g F, 3 g E, 19 g KH, 0 mg Chol

### Winter-Smoothie und Fruchtpunsch stärken die Abwehrkräfte
In der kalten Jahreszeit versorgen tiefgekühlte Beeren mit schützenden Vitaminen. Zudem sind die eisigen Früchtchen ideal für die schnelle Küche.

## Frühstück & Smoothies

# Mandarinen-Rotbuschtee-Punsch mit Mango
### Für 2 Gläser

### Zutaten
- 1 EL Rosinen, gehackt
- 250 ml heißes Wasser
- 1 Zimtstange
- 1 kleines Stück Bio-Orangenschale (2 x 4 cm)
- 2 TL Rotbuschtee
- 250 ml Mandarinensaft, frisch gepresst
- 1 TL Zitronensaft
- 150 g Mango, kleine Stücke

Rosinen mit dem Wasser übergießen, 10 Minuten quellen lassen. Mit dem Mixstab Rosinen und Einweichwasser fein pürieren. Zimt und Zitronenschale dazugeben.

Rosinenwasser aufkochen lassen, Rotbuschtee damit aufgießen und 6 Minuten ziehen lassen. Tee durch ein Sieb abgießen und zurück in den Topf geben.

Mandarinensaft, Zitronensaft und Mango untermischen. Den Punsch erhitzen, aber nicht mehr aufkochen lassen.

Pro Glas 120 kcal, 1 g F, 1 g E, 25 g KH, 0 mg Chol

# Verbenen-Chai mit Datteln
### Für 2 Portionen

### Zutaten
- 300 ml Wasser
- 10 g Ingwer, dünne Scheiben
- Samen aus 2 Kardamomkapseln, grob zerstoßen
- 1 Zimtstange
- ½ TL Fenchelsamen, zerstoßen
- ½ TL Anissamen
- 1 EL Verbenen-Tee
- 250 ml Sojadrink, ungesüßt
- 2 getrocknete Datteln, gehackt

Wasser mit Ingwer, Kardamom, Zimt, Fenchel und Anis aufkochen und zugedeckt 5 Minuten köcheln lassen.

Verbenen-Tee unterrühren, Chai-Ansatz vom Herd nehmen und 5 Minuten ziehen lassen. Tee durch ein Sieb abgießen, warm halten.

Sojadrink mit den Datteln erhitzen, alles mit dem Mixstab pürieren und mit dem Chai-Ansatz verrühren.

Pro Portion 85 kcal, 3 g F, 5 g E, 11 g KH, 0 mg Chol

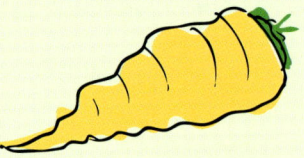

# SALATE

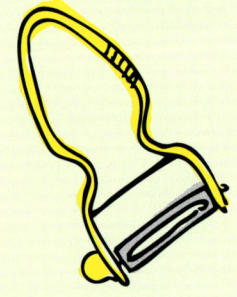

# VEGAN FASTEN

Auf dem Fastenprogramm steht täglich ein Salat als Beilage zu einer Hauptmahlzeit. Ob Sie diesen mittags oder abends essen, zum Gemüsegericht oder zur Suppe, entscheiden Sie selbst. Der Beilagensalat wird im Einklang mit der Jahreszeit und ganz nach Ihrem Appetit zusammengestellt. Die Portion ist groß. Als Faustregel gilt: Etwa 100 g Blattsalat und 150 g klein geschnittenes oder fein geraspeltes Gemüse wird mit 1 Portion Dressing (S. 36) vermischt. Wenn Sie wenig Zeit haben, den Salat einfach mit 2–3 EL Zitronensaft, ½ EL Öl, Salz und Pfeffer marinieren und mit reichlich frischen Kräutern bestreuen. Selbstverständlich können Sie auch alle Salate, die nicht mehr als 150 kcal pro Portion haben, als Beilage essen.

Ein großer Salat als Hauptgericht und dazu (wenn im Salat keine Kartoffeln sind) eine sättigende Kartoffelbeilage: Diese Fasten-Kombination ist besonders praktisch, da zum Mitnehmen ins Büro geeignet. Ein prima Hauptgericht ist z. B. der Salat mit Avocado, Erdbeeren und Zucchini-Basilikum-Dressing (S. 42) oder der Spinat-Pilzsalat mit Karotten-Fenchel-Salsa (S. 52). Dazu passen knusprige Kartoffelscheiben (S. 50). Danach schmeckt eine Frucht (alles außer Banane) oder 150 g Beeren zum Dessert.

# VEGAN SCHLANK BLEIBEN

Kein Tag ohne Salat, diese Devise gilt immer! Ob zu Pasta, Risotto, gefüllten Folienkartoffeln oder Gemüsecurry mit Couscous: Zu einer vollständigen veganen Hauptmahlzeit gehört ein leichter Salat. Um die Sache einfach zu halten, esse ich meist den oben beschriebenen Beilagensalat, schlicht mariniert mit Zitronensaft, gutem Essig und noch besserem Öl. Das wird nie langweilig, da zu jeder Jahreszeit andere Blättchen, Gemüse und Kräuter Saison haben. Im Winter, wenn die Auswahl kleiner wird, wandern auch Äpfel, Birnen, Orangen, Mandarinen und Ananas zu geraspelten Karotten und sonstigen Wurzeln in die Salatschüssel.

Kalorienarm und vitalstoffreich, so müssen schlanke, vegane Hauptgerichte sein, z. B. Blumenkohlsalat mit Tomaten-Salsa (S. 44), bestreut mit würzigem, gebratenem Räuchertofu (S. 46), und dazu knuspriges Vollkornbrot. Damit Abwechslung in die Salatschüssel kommt, Vollkorntoast richtig knusprig rösten, in kleine Stücke schneiden und über den Endiviensalat mit Ananas und Avocado (S. 50) streuen oder Sesam-Seitan (S. 111) auf den Kohlrabi-Salat mit gebratenen Pfifferlingen (S. 47) geben. Betrachten Sie die Rezepte in diesem Buch als Bausteine, die Sie immer wieder zu neuen Gerichten zusammenfügen können.

Salate

# Blitzschnelles Senf-Dressing
## Für 2 Portionen

### Zutaten
- 150 g Sojajoghurt, natur
- 1 TL Dijon-Senf
- 1 TL Öl
- 2 TL Sojasoße
- ½–1 EL Apfelessig
- Salz
- Pfeffer

Sojajoghurt, Senf, Öl, Sojasoße und Apfelessig zu einem glatten Dressing verrühren. Dressing mit Salz und Pfeffer abschmecken.

Pro Portion 66 kcal, 5 g F, 5 g E, 1 g KH, 0 mg Chol

### Pikante Varianten
1 TL fein gehackten Ingwer, 1 fein gehackte Knoblauchzehe oder 2 EL Schnittlauchröllchen unter das Dressing rühren.

# Grünes Salatdressing
## Für 2 Portionen

### Zutaten
- 100 ml kalte Gemüsebrühe (Gemüsesuppe)
- 2 EL Zitronensaft
- ½ EL Apfelessig
- 150 g Kopfsalat, in Streifen geschnitten
- 1 EL Cashewmus (oder Cashewnüsse, gehackt)
- Salz
- Pfeffer

Gemüsebrühe, Zitronensaft, Apfelessig und ¼ der Salatblätter mit dem Mixstab oder im Mixglas fein pürieren. Nach und nach die restlichen Salatblätter und das Cashewmus dazugeben. Alles zu einem glatten Dressing mixen. Salatdressing mit Salz und Pfeffer abschmecken.

Pro Portion 49 kcal, 2 g F, 2 g E, 4 g KH, 0 mg Chol

### Noch mehr Grün im Dressing
Mixen Sie auch frisches Basilikum, Petersilie oder Dill in dieses Basendressing

# Tomaten-Kartoffel-Dressing
## Für 2 Portionen

### Zutaten
- 150 ml kalte Gemüsebrühe (Gemüsesuppe)
- 50 g Tomaten, passiert (Tetra-Pak)
- 1 EL Zitronensaft
- 1 EL Apfelessig
- 1 TL Öl
- 70 g gekochte Kartoffeln, fein geraspelt
- Salz
- Pfeffer

Gemüsebrühe, Tomaten, Zitronensaft, Essig und Öl mit dem Mixstab fein pürieren. Kartoffeln unterrühren. Dressing mit Salz, Pfeffer und Zitronensaft abschmecken

Pro Portion 56 kcal, 3 g F, 1 g E, 7 g KH, 0 mg Chol

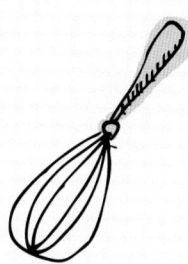

# Tofu-Kräuter-Dressing
## Für 2 Portionen

### Zutaten
- 70 g Tofu, kleine Würfel
- ½ EL Apfelessig
- 1 EL Zitronensaft
- 1 EL Öl
- ½ EL Dijon-Senf
- 60 ml kaltes Wasser
- ½ Bund Petersilie (oder Basilikum), gehackt
- Salz
- Pfeffer

Tofu, Apfelessig, Zitronensaft, Öl, Senf und Wasser im Mixglas oder im Cutter (Multizerkleinerer) auf höchster Stufe zu einem glatten, cremigen Dressing mixen. Das Dressing soll die Konsistenz von Mayonnaise haben.

Petersilie dazugeben, kurz mixen. Dressing mit Salz und Pfeffer abschmecken.

Pro Portion 56 kcal, 3 g F, 4 g E, 4 g KH, 0 mg Chol

### Noch mehr Tofu-Dressings
Auch fein gehackte Essiggurken, Kapern und Schnittlauch in das Tofu-Kräuter-Dressing rühren.

SALATE

# Gemüse-Salat mit Apfel und Sauce Tartare
## Für 2 Portionen

### Für den Salat
- 300 ml Gemüsebrühe (Gemüsesuppe)
- 250 g festkochende Kartoffeln, 1 cm große Würfel
- 200 g Karotten, 1 cm große Würfel
- 100 g Sellerie, 1 cm große Würfel
- 2 EL Zitronensaft
- 1 kleiner Apfel, 1 cm große Würfel
- ½ Zwiebel, fein gehackt
- 100 g Salatblättchen

### Für das Dressing
- ½ Bund Petersilie, fein gehackt
- 1 EL Apfelessig
- 1 EL Zitronensaft
- 1 EL Dijon-Senf
- 1 TL Öl
- 150 g Sojajoghurt, natur
- 1 TL Kapern, fein gehackt
- 2 EL Essiggurken, kleine Würfel
- Salz
- Pfeffer

Gemüsebrühe aufkochen lassen, Kartoffeln, Karotten und Sellerie dazugeben, ca. 8 Minuten köcheln lassen. Das Gemüse soll weich sein, darf aber nicht zerfallen.

Gemüse in ein Sieb abgießen. Garflüssigkeit auffangen. 80 ml Garflüssigkeit abmessen (restliche Garflüssigkeit für eine Suppe verwenden). 30 g der gekochten Kartoffelwürfel (3 EL) zur Seite geben. Restliches Gemüse mit 2 EL Zitronensaft vermischen.

Für das Dressing die 3 EL Kartoffelwürfel, 80 ml Garflüssigkeit, Petersilie, Apfelessig, Zitronensaft, Senf und Öl mit dem Pürierstab zu einer glatten Soße mixen.

Joghurt, Kapern und Essiggurken dazugeben, alles mit dem Rührlöffel gut vermischen. Dressing mit Salz und Pfeffer abschmecken.

Das marinierte Gemüse, Apfel und Zwiebel mit dem Dressing vermischen. Salat mit Zitronensaft, Salz und Pfeffer abschmecken, etwas durchziehen lassen. Salat portionsweise mit Blattsalaten anrichten.

Pro Portion 268 kcal, 7 g F, 11 g E, 39 g KH, 0 mg Chol

### Salat als Hauptgericht oder für das kalte Buffet
Dieser herzhafte Salat schmeckt als Hauptgericht, essen Sie davor eine leichte Gemüsesuppe und zum Dessert einen Fruchtsalat – schon ist das basische, vegane Menü komplett. Dieser Salat eignet sich auch prima zum Mitnehmen und in größeren Mengen zubereitet für ein kaltes Buffet.

# Salat mit Grapefruit, Meeresgemüse und Sesam-Dressing
## Für 2 Portionen

### Für das Dressing
- 20 g Sesam, ungeschält, geröstet (siehe Anleitung)
- 80 ml kalte Gemüsebrühe (Gemüsesuppe)
- 2 EL Zitronensaft
- ½ TL Bio-Zitronenschale, fein gehackt
- Salz
- Pfeffer

### Für den Salat
- 2 g getrocknete Wakame-Algen
- 1 rosa Grapefruit
- 1 kleiner Radicchio, Stücke
- 100 g Löwenzahnsalat, Stücke
- 1 Chicoréestaude, Scheiben

Für das Dressing mit dem Mixstab oder im Mixglas 15 g gerösteten Sesam, Gemüsebrühe, Zitronensaft und Zitronenschale zu einem cremigen Dressing mixen. Dressing mit Salz und Pfeffer abschmecken.

Für den Salat die Wakame-Algen 15 Minuten in reichlich lauwarmem Wasser einweichen, abgießen, abspülen, abtropfen lassen, in dünne Streifen schneiden.

Grapefruitschale mit einem scharfen Messer abschneiden, die weiße Haut muss dabei ganz entfernt werden. Grapefruitspalten zwischen den Trennwänden herausschneiden, dabei den herabtropfenden Saft auffangen. Grapefruitsaft mit dem Sesam-Dressing verrühren.

Radicchio, Löwenzahnsalat, Chicorée, Grapefruit und Wakame portionsweise mit dem Dressing anrichten.

Pro Portion 130 kcal, 6 g F, 5 g E, 13 g KH, 0 mg Chol

### Rösten macht Sesam aromatisch nussig
Sesam in einer Pfanne (ohne Öl!) unter Rühren erhitzen und so lange unter Rühren anrösten, bis die Körnchen anfangen hochzuspringen. Dann den Sesam sofort aus der Pfanne nehmen.
Gerösteten Sesam auch über Salate, Suppen und Gemüsegerichte streuen, denn die kleinen Körnchen bereichern vegane Speisen mit sehr viel Eisen und Kalzium.
Speisen kann man auch mit Gomasio (Sesamsalz) würzen – das Rezept dafür finden Sie auf meiner Website.

### Meeresalgen für starke Knochen
Auch Wakame und anderes Meeresgemüse bringen ganz natürlich große Mengen von Mineralstoffen ins Essen, das fördert die Säure-Basen-Balance, beugt damit auch Osteoporose vor.

## Rote-Beete-Salat mit saftigem Beerendressing
### Für 2 Portionen

**Zutaten**
- 8 EL Holundersaft (oder schwarzer Johannisbeersaft, auch Traubensaft)
- 1 EL Öl
- 2 EL Apfelessig
- ½ TL frischer Ingwer, fein gehackt
- ¼ TL Kümmel, zerstoßen
- Salz
- Pfeffer
- 400 g gekochte Rote Beete (Rote Rüben)

Für das Dressing Holundersaft, Öl, Apfelessig, Ingwer und Kümmel verrühren. Dressing mit Salz und Pfeffer würzen.

Rote Beete mit dem Dressing vermischen. Salat mit Salz und Pfeffer abschmecken, etwas durchziehen lassen. Dieser Salat ist ideal zum Mitnehmen ins Büro.

Pro Portion 138 kcal, 5 g F, 3 g E, 18 g KH, 0 mg Chol

## Salat mit Avocado, Erdbeeren und Zucchini-Basilikum-Dressing
### Für 2 Portionen

**Für das Dressing**
- 150 g Zucchini, fein geraspelt
- 1 Bund Basilikum, fein geschnitten
- 5 EL kalte Gemüsebrühe (Gemüsesuppe)
- 4 EL Zitronensaft
- ½ TL Zitronenschale, fein gehackt
- Salz
- Pfeffer

**Für den Salat**
- 1 kleiner Kopfsalat, kleine Stücke
- 2 Frühlingszwiebeln (Jungzwiebeln), feine Ringe
- 200 g Erdbeeren, kleine Stücke
- 1 reife Avocado, kleine Würfel

Für das Dressing Zucchini, Basilikum, Gemüsesuppe und Zitronensaft mit dem Mixstab fein pürieren. Zitronenschale unterrühren. Dressing mit Salz und Pfeffer abschmecken.

Kopfsalat und Frühlingszwiebeln mit dem Dressing vermischen. Salat mit Salz, Pfeffer und Zitronensaft abschmecken. Erdbeeren und Avocadowürfel vorsichtig unter den Salat heben.

Pro Portion 248 kcal, 18 g F, 5 g E, 14 g KH, 0 mg Chol

# Feldsalat mit Mango, Karotten und Cranberry-Dressing
## Für 2 Portionen

Für das Dressing
- 8 EL Karottensaft (frisch gepresst oder aus der Flasche)
- Saft von ½ Orange
- 2 EL Zitronensaft
- 40 g gekochte Kartoffeln, fein geraspelt
- 1 EL getrocknete Cranberrys, gehackt
- 1 TL Öl
- Salz
- Pfeffer

Für den Salat
- 200 g Feldsalat (Vogerlsalat)
- 1 Karotte, grob geraspelt
- 1 kleine Mango, feine Scheiben
- 1 Frühlingszwiebel (Jungzwiebel), feine Ringe
- 1 EL Haselnüsse, gehackt

Mit dem Pürierstab aus Karotten-, Orangen-, Zitronensaft, Kartoffeln, Cranberrys und Öl ein glattes Dressing mixen. Dressing mit Salz und Pfeffer abschmecken.

Feldsalat, Karotte, Mango und Frühlingszwiebel mit dem Dressing vermischen. Salat mit Haselnüssen bestreuen.

Pro Portion 170 kcal, 7 g F, 5 g E, 21 g KH, 0 mg Chol

### Schnelle Dressings mit Gemüsesäften
Wenig Kalorien, viel Geschmack: Frisch gepresst oder aus der Flasche, Karotten-, Sellerie- oder Tomatensaft eignet sich hervorragend für aromatische, fettarme Salatdressings.

### So wird der Salat zum Hauptgericht
Mit den kräuterwürzigen Curry-Tofu-Würfelchen bestreuen (siehe unten) und knusprige Kartoffelscheiben (S. 50) dazu servieren.

# Kräuterwürzige Curry-Tofu-Würfelchen
## Für 2 Portionen

Zutaten
- 3 EL Kokosmilch
- 1 EL Sojasoße
- ¼ TL Currypulver
- 150 g Tofu, kleine Würfel
- 3 EL frische Kräuter, gehackt (Petersilie, Koriander, Basilikum)
- 1 Frühlingszwiebel (Jungzwiebel), feine Ringe

Kokosmilch, Sojasoße und Curry verrühren, Tofuwürfel damit vermischen und etwas marinieren lassen.

Eine kleine beschichtete Pfanne erhitzen, marinierten Tofu darin so lange unter Rühren erhitzen, bis die gesamte Flüssigkeit verdampft und der Tofu leicht knusprig ist.

Tofu mit Kräutern und Frühlingszwiebel vermischen. Über Salate und Gemüsegerichte streuen.

Pro Portion 97 kcal, 7 g F, 8 g E, 2 g KH, 0 mg Chol

SALATE

# Karottensalat mit Orangen-Kokos-Dressing (Foto)
## Für 2 Portionen

Zutaten
- 200 ml Gemüsebrühe (Gemüsesuppe)
- 50 ml Kokosmilch
- ½ TL Koriander, zerstoßen
- 3 Pimentkörner, zerstoßen
- 1 TL frischer Ingwer, fein gehackt
- 1 Prise Zimtpulver
- 400 g Karotten, dünne Scheiben
- 3–4 EL Limettensaft
- 5 EL Orangensaft
- Salz
- Chilipulver
- 1 Frühlingszwiebel (Jungzwiebel), feine Ringe
- 2 EL frischer Koriander oder Petersilie, fein gehackt

Gemüsebrühe mit Kokosmilch, Koriander, Piment, Ingwer und Zimt zum Kochen bringen. Karotten darin zugedeckt in ca. 5 Minuten bissfest köcheln lassen. Karotten abgießen. Garflüssigkeit auffangen.

Karotten mit 3 EL Limettensaft vermischen. Für das Dressing die Garflüssigkeit auf 150 ml einkochen. Orangensaft untermischen. Die noch warmen Karotten mit dem Dressing vermischen. Salat mit Salz, Chili und Limettensaft abschmecken, abkühlen und durchziehen lassen. Frühlingszwiebel und Koriander untermischen. Dieser Salat eignet sich auch gut zum Mitnehmen.

Pro Portion 141 kcal, 5 g F, 4 g E, 18 g KH, 0 mg Chol

# Blumenkohl-Salat mit Tomaten-Salsa
## Für 2 Portionen

Zutaten
- 300 g Blumenkohl (Karfiol), kleine Röschen
- 3 EL Zitronensaft
- Salz
- 250 g Tomaten, sehr kleine Würfel
- ½ EL Apfelessig
- 1 TL Olivenöl
- 1 Frühlingszwiebel (Jungzwiebel), feine Ringe
- 1 Knoblauchzehe, fein gehackt
- ½ Bund Basilikum, fein geschnitten
- Pfeffer

Blumenkohl zugedeckt in einem Siebeinsatz in ca. 6 Minuten bissfest dämpfen.

Den heißen Blumenkohl mit 2 EL Zitronensaft und 1 Prise Salz vermischen, etwas abkühlen lassen.

Für die Salsa die Tomaten mit 1 EL Zitronensaft, Apfelessig, Olivenöl, Frühlingszwiebel, Knoblauch und Basilikum vermischen. Mit Salz und Pfeffer abschmecken und kurz ziehen lassen.

Blumenkohl und Tomatensalsa vermischen. Salat durchziehen lassen, mit Salz, Pfeffer und Zitronensaft abschmecken. Auch dieser Salat lässt sich gut vorbereiten und mitnehmen.

Pro Portion 101 kcal, 3 g F, 5 g E, 11 g KH, 0 mg Chol

Salate

# Salatcocktail mit Gurke, Radieschen, Tomate und Paprika
## Für 2 Portionen

Für das Dressing
- 1½ EL weißer Balsamico
- 1 EL Zitronensaft
- 1 TL Olivenöl
- 1 Knoblauchzehe, fein gehackt
- Salz, Pfeffer

Für den Salat
- 2 Tomaten, kleine Würfel
- 150 g Gurke, kleine Würfel
- 1 rote Paprikaschote, kleine Würfel
- 4 Radieschen, kleine Würfel
- 2 Frühlingszwiebeln (Jungzwiebeln), feine Ringe
- ½ Bund Basilikum, fein geschnitten
- 2 TL frische Minze, fein geschnitten

Für das Dressing Balsamico, Zitronensaft, Olivenöl und Knoblauch gut verrühren. Dressing mit Salz und Pfeffer abschmecken.

Tomaten mit dem Dressing vermischen und etwas Saft ziehen lassen.

Marinierte Tomaten, Gurke, Paprika, Radieschen, Frühlingszwiebeln, Basilikum und Minze vermischen. Salat mit Zitronensaft, Salz und Pfeffer abschmecken.

Pro Portion 81 kcal, 2 g F, 3 g E, 9 g KH, 0 mg Chol

### So wird der Salat zum Hauptgericht
Würzigen, gebratenen Räuchertofu unter den Salat mischen und dazu knusprige Kartoffelscheiben mit Rosmarin essen (S. 50).

# Würziger, gebratener Räuchertofu
## Für 2 Portionen

Zutaten
- 1 TL Öl
- 100 g Räuchertofu, kleine Würfel
- ½ TL Koriander, grob zerstoßen
- Muskatnuss, frisch gerieben
- Chilipulver
- 1 EL Sojasoße

Öl in einer beschichteten Pfanne erhitzen. Räuchertofu darin rundum anbraten. Mit Koriander, Muskat und Chili würzen, mit Sojasoße ablöschen. Unter Rühren braten, bis die Sojasoße verdampft ist.

Pro Portion 95 kcal, 6 g F, 8 g E, 1 g KH, 0 mg Chol

# Kohlrabi-Salat mit gebratenen Pfifferlingen
## Für 2 Portionen

### Zutaten
- 1 EL Olivenöl
- 250 g Pfifferlinge (Eierschwammerl), kleine Stücke
- Salz
- Pfeffer
- ½ TL Thymian, getrocknet
- 2–3 EL Zitronensaft
- 2–3 EL Apfelessig
- ½ TL Bio-Zitronenschale, fein gehackt
- 200 g Kohlrabi, sehr feine Streifen
- ½ Bund Petersilie, fein gehackt
- 1 Frühlingszwiebel (Jungzwiebel), feine Ringe

Olivenöl in einer großen, beschichteten Pfanne erhitzen. Pfifferlinge darin unter Rühren kurz braten, mit Salz, Pfeffer und Thymian würzen. Beim Braten bildet sich reichlich Pilzsaft. Dieser ist die Basis für das aromatische Dressing.

Pilze und Pilzsaft in einer Schüssel mit Zitronensaft, Apfelessig, Zitronenschale, Salz und Pfeffer vermischen, abkühlen und durchziehen lassen.

Kohlrabi, Petersilie und Frühlingszwiebel untermischen. Salat mit Salz, Pfeffer und Apfelessig abschmecken.

Dieser Salat eignet sich gut zum Mitnehmen.

Pro Portion 102 kcal, 6 g F, 4 g E, 8 g KH, 0 mg Chol

### Variationen in Pilz
Dieser Salat schmeckt auch mit Steinpilzen, Champignons, Austernpilzen, Kräuterseitlingen und Shiitake-Pilzen. Zum Hauptgericht wird er mit Folienkartoffeln (S. 76) oder gratinierten Kartoffelscheiben (S. 94).

### Salad to go
Der Pfifferling-Kohlrabi-Salat schmeckt prima, wenn er einige Zeit im Kühlschrank durchzieht. Sie können ihn darum schon am Vorabend zubereiten und am nächsten Tag für die Mittagspause mitnehmen.

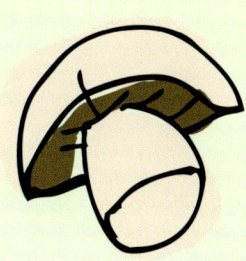

# Provençalischer Salat mit grünen Bohnen
## Für 2 Portionen

### Zutaten
- 250 ml Gemüsebrühe (Gemüsesuppe)
- 300 g festkochende Kartoffeln, dünne Scheiben
- ½ Zwiebel, fein gehackt
- 1 Knoblauchzehe, fein gehackt
- 1–2 EL Apfelessig
- 1 EL Olivenöl
- Muskatnuss, frisch gerieben
- Salz, Pfeffer
- 150 g grüne Bohnen (auch tiefgekühlt), längs halbiert, Stücke
- 1 Tomate, kleine Würfel
- 1 Zweigchen Minze
- 4 schwarze Oliven
- 1 EL Kapernbeeren

Gemüsebrühe zum Kochen bringen. Kartoffeln dazugeben, ca. 6 Minuten köcheln lassen. Die Kartoffeln sollen weich sein, dürfen aber nicht zerfallen. Kartoffeln abgießen, Garflüssigkeit auffangen.

Heiße Kartoffeln mit 3 EL Garflüssigkeit, Zwiebel, Knoblauch, Apfelessig, Olivenöl, Muskat, Salz und Pfeffer vermischen (restliche Garflüssigkeit für eine Suppe verwenden). Kartoffelsalat etwas durchziehen lassen.

Grüne Bohnen zugedeckt in einem Dämpfeinsatz über Wasserdampf in ca. 6 Minuten bissfest garen.

Kartoffelsalat, grüne Bohnen und Tomaten vermischen. Salat mit Apfelessig, Salz und Pfeffer abschmecken. Bei Bedarf noch 2–3 EL Garflüssigkeit dazugeben. Salat mit Minze, Oliven und Kapern bestreuen.

Pro Portion 232 kcal, 8 g F, 7 g E, 32 g KH, 0 mg Chol

### Basisches Menü
Schlank werden und schlank bleiben mit Genuss – als Vorspeise Cremige Kokossuppe mit Spinat, Brokkoli, Zucchini und Lauch (S. 70), provençalischer Salat als Hauptgericht und zum Dessert die blitzschnell zubereitete Erdbeer-Bananen-Nuss-Creme (S. 137).

Salate

# Endiviensalat mit Ananas und Avocado
## Für 2 Portionen

### Für das Dressing
- Saft von 1 großen Orange
- Saft von 1 Limette oder Zitrone
- 1 TL Bio-Orangen- oder Zitronenschale, fein gehackt
- Salz
- Pfeffer

### Für den Salat
- ½ Endiviensalat, feine Streifen
- 200 g Ananas, sehr kleine Stücke
- 1 Frühlingszwiebel, feine Ringe
- 1 weiche, reife Avocado, kleine Würfel

Für das Dressing Orangen- und Zitronensaft und Orangenschale verrühren. Dressing mit Salz und Pfeffer abschmecken.

Endivien, Ananas und Frühlingszwiebel mit dem Dressing vermischen. Avocadowürfel vorsichtig unterheben.

Pro Portion 278 kcal, 18 g F, 4 g E, 24 g KH, 0 mg Chol

# Knusprige Kartoffelscheiben mit Rosmarin
## Für 2 Portionen

### Zutaten
- 400 g große, festkochende Bio-Kartoffeln
- ½ TL Rosmarin, fein gehackt
- 1 TL Öl
- Salz

Kartoffeln gut abbürsten (nicht schälen). Kartoffeln in 1 cm dicke Scheiben schneiden.

Backofen auf 200 °C (Umluft 180 °C, Gas Stufe 4–5) vorheizen. Backblech mit Backpapier belegen. Kartoffelscheiben nebeneinander auf das Blech legen.

Rosmarin und Öl vermischen. Kartoffeln damit bepinseln. Kartoffeln im vorgeheizten Ofen 10 Minuten backen, umdrehen und weitere 10 Minuten backen. Kartoffeln leicht salzen.

Pro Portion 164 kcal, 3 g F, 4 g E, 3 g KH, 0 mg Chol

### Damit werden Salate zum Hauptgericht
Die knusprigen Kartoffelscheiben zum Salat essen und zur Abwechslung das Öl auch mit Thymian oder Curry aromatisieren.

# Fenchel-Grapefruit-Salat auf Radicchio
## Für 2 Portionen

### Zutaten
- 1 große rosa Grapefruit
- 1 Fenchelknolle
- 1 Frühlingszwiebel (Jungzwiebel), feine Ringe
- 1–2 EL Zitronensaft
- 1 EL Öl
- Salz
- Pfeffer
- 1 kleiner Radicchio, mundgerechte Stücke

Grapefruitschale mit einem scharfen Messer abschneiden. Dabei sollte auch die weiße Haut entfernt werden. Über einer Schüssel die Grapefruitfilets zwischen den Trennwänden herausschneiden, dabei den herabtropfenden Saft auffangen. Grapefruitspalten in sehr kleine Stücke schneiden.

Fenchel in sehr kleine Würfel schneiden. (Ganz einfach geht das, wenn Sie den Fenchel zuerst mit der Brotschneidemaschine in 3 mm dünne Scheiben schneiden und dann mit dem Messer in kleine Würfel.)

Grapefruit, Fenchel, Frühlingszwiebel, Zitronensaft, aufgefangenen Grapefruitsaft und Öl vermischen. Salat mit Salz und Pfeffer abschmecken, etwas durchziehen lassen und auf Radicchioblättern anrichten.

Pro Portion 125 kcal, 6 g F, 3 g E, 6 g KH, 0 mg Chol

### Basisch geniessen – das Auge isst mit!
Optisch und geschmacklich ganz köstlich: Grasgrüne Petersilienwürfel (siehe unten) auf den Salat mit rosa Grapefruit und violetten Radicchioblättchen geben (Foto auf meiner Website: www.elisabeth-fischer.com).

# Petersilienwürfel
## Für 2 Portionen

### Zutaten
- 150 ml kalte Gemüsebrühe (Gemüsesuppe)
- ½ TL Agar-Agar-Pulver
- 80 g Petersilie, fein gehackt
- 4 EL Sojacreme
- 1 EL Zitronensaft
- ½ TL Bio-Zitronenschale, fein gehackt
- Salz
- Pfeffer

In einem kleinen Topf Gemüsebrühe und Agar-Agar glatt rühren, unter Rühren zum Kochen bringen und unter Rühren 1 Minute köcheln lassen.

Petersilie, Sojacreme, Zitronensaft, Zitronenschale und die heiße Agar-Agar-Flüssigkeit im Mixglas, im Cutter oder mit dem Mixstab zu einer glatten Creme pürieren. Petersiliencreme mit Salz und Pfeffer abschmecken, in eine kleine Form gießen und zum Festwerden 2 Stunden kalt stellen. Gelee auf ein Brett stürzen und in kleine Würfel schneiden.

Pro Portion 84 kcal, 6 g F, 2 g E, 5 g KH, 0 mg Chol

Salate

# Spinat-Pilz-Salat mit Karotten-Fenchel-Salsa
## Für 4 Portionen

### Für die Salsa
- ½ Karotte, sehr kleine Würfel
- ½ Fenchelknolle, sehr kleine Würfel
- 1 Frühlingszwiebel (Jungzwiebel), feine Ringe
- ½ Bund Basilikum, fein geschnitten
- Saft von 1 Zitrone
- ½ EL Olivenöl
- Salz
- Pfeffer

### Für den Salat
- ½ EL Olivenöl
- 1 Knoblauchzehe, dünne Scheiben
- 200 g Pilze (Seitlinge, Champignons, Austernpilze), dünne Scheiben
- 100 g junger Spinat, kleine zarte Blättchen
- 100 g Cocktailtomaten, kleine Spalten

Für die Salsa Karotten, Fenchel, Frühlingszwiebel, Basilikum, Zitronensaft und Olivenöl vermischen. Salsa mit Salz und Pfeffer abschmecken.

Für den Salat Öl in einer großen, beschichteten Pfanne erhitzen. Knoblauch darin unter Rühren kurz braten. Pilze dazugeben, unter Rühren kurz braten, mit Salz und Pfeffer würzen.

Spinatblättchen mit den heißen Pilzen und der Karotten-Fenchel-Salsa vermischen. Salat mit Salz, Pfeffer und Zitronensaft abschmecken, portionsweise anrichten, mit Tomaten garnieren.

Pro Portion 123 kcal, 6 g F, 6 g E, 10 g KH, 0 mg Chol

### Variante mit grossen, festeren Spinatblättern
Es gibt nur große, feste Spinatblätter, was tun? Auch damit schmeckt dieser Salat. Sie brauchen dann allerdings 200 g davon. Und so geht's:

Spinatblätter mit wenig Salz in einen großen Topf geben, zugedeckt bei guter Hitze zusammenfallen und in einem Sieb abtropfen lassen. Spinat eventuell in Stücke schneiden. Mit den gebratenen Pilzen und der Salsa vermischen.

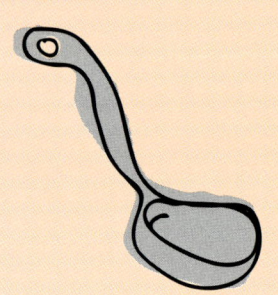
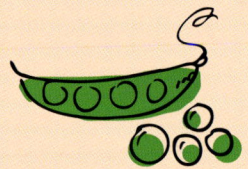

# Suppen

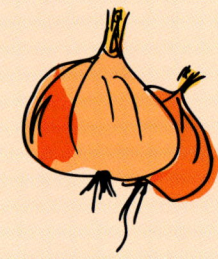

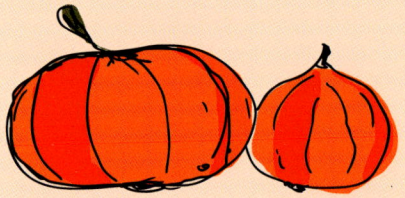

## VEGAN FASTEN

Die Suppen-Hauptmahlzeit ist ein Fixpunkt und sehr beliebt beim VEGAN FASTEN. Täglich gibt es eine Riesenschüssel, gefüllt mit mindestens 500 ml Gemüsesuppe, das sind 2 gute Portionen. Die Suppe wärmt, füllt den Magen, verströmt das wohlige Gefühl, gut versorgt zu sein, und fördert die Entspannung. Essen Sie die Suppe darum abends, wenn Sie es einrichten können. Die Fastensuppe hat trotz üppigem Volumen sehr wenig Kalorien, da sie nach dem bewährten Grundsatz gekocht wird: pro Portion ein halber Esslöffel Öl.

Die Fastensuppen sind aber auch zum Mitnehmen bestens geeignet. In einem Thermobehälter bleiben sie heiß, sollten Sie bei der Arbeit keine Möglichkeit zum Aufwärmen haben. Wenn Sie Suppen mit ganzen Gemüsestückchen vorbereiten, dann diese nur kurz köcheln lassen, durch das Warmhalten oder Aufwärmen erreicht das Gemüse den perfekten Garpunkt. Besonders praktisch zu Beginn des VEGAN FASTEN gleich mehr Suppe kochen und portionsweise einfrieren. Cremesuppen sind bestens geeignet für diese schlaue Art der Vorratshaltung.

## VEGAN SCHLANK BLEIBEN

Viele kleine Mosaiksteine tragen zu dauerhaftem Wunschgewicht bei. Der Suppentrick ist einer davon. Eine Untersuchung hat ergeben, wer als Vorspeise eine Gemüsesuppe genießt, verspeist weniger vom kalorienreicheren Hauptgericht. Nutzen Sie diesen Effekt und geben Sie sich der Kunst des Suppenkochens hin. Die besteht auch darin, dass Sie Ihr Gemüsefach inspizieren und die darin befindlichen Reste fantasievoll kombinieren – mit Kräutern, Gewürzen, Ingwer, Zitronenschale und natürlich mit Gemüsebrühe. Das Resultat ist dann zum Beispiel die köstliche Kohlrabi-Karotten-Sellerie-Suppe mit Kokosmilch (S. 63). Ab und zu sollten Sie aber gezielt für die Suppe einkaufen, etwa für die wunderbare Alles-Spargel-Suppe (S. 60) oder meinen Liebling, die Kürbis-Maroni-Suppe mit Vanille ( S. 67).

Mit einem Klacks Rucola-Haselnuss-Pesto (S. 57) oder Basilikum-Dip (S. 73) kommt auch das schlichteste Süppchen ganz edel daher. Darum gleich eine größere Menge dieser grünen, cremigen Pasten mixen und portionsweise einfrieren.

Ein sehr zufriedenstellendes schlankes Menü, das mit minimalem Aufwand zubereitet ist: Suppe, Salat mit Vollkornbrot als Hauptgericht und zum Dessert frische Früchte, z. B. Brokkolicremesuppe mit Fenchelcroûtons (S. 62), Provençalischer Salat mit grünen Bohnen, dazu Vollkornbaguette (S. 49), Melone.

# Basensuppe für ein gutes Bauchgefühl
## Für 4 Portionen

### Zutaten
- 2 EL Öl
- 1 Zwiebel, fein gehackt
- 2 Knoblauchzehen, fein gehackt
- Muskatnuss, frisch gerieben
- ½ TL Koriander, zerstoßen
- 3 Pimentkörner, zerstoßen
- 2 l Gemüsebrühe (Gemüsesuppe)
- 2 TL frischer Ingwer, fein gehackt
- 1 TL Liebstöckel, getrocknet
- 200 g Kartoffeln, kleine Stücke
- 100 g Karotten, dünne Scheiben
- 50 g Gelbe Rüben, dünne Scheiben
- 100 g Selleriewurzel, feine Stifte
- 60 g Petersilienwurzel, feine Stifte
- ½ rote Paprikaschote, kleine Würfel
- 100 g grüne Bohnen (Fisolen), kleine Stücke
- 100 g Lauch, dünne Scheiben
- 100 g Brokkoli, kleine Röschen

Öl in einem beschichteten Topf erhitzen. Zwiebel darin bei milder Hitze weich dünsten. Knoblauch, Muskat, Koriander und Piment untermischen, alles unter Rühren kurz anrösten. Mit Gemüsebrühe aufgießen, mit Ingwer und Liebstöckel würzen, zum Kochen bringen. Basissuppe zugedeckt 10 Minuten köcheln lassen.

Kartoffeln, Karotten, Gelbe Rüben, Sellerie- und Petersilienwurzel sowie die Paprika dazugeben. Suppe 8 Minuten zugedeckt köcheln. Grüne Bohnen dazugeben, 2 Minuten köcheln. Lauch und Brokkoli dazugeben, 5 Minuten köcheln lassen. Suppe mit Salz und Pfeffer abschmecken. Besonders gut schmeckt dieser üppige Suppentopf mit einem Klacks Rucola-Haselnuss-Pesto (siehe unten).

Pro Portion 133 kcal, 6 g F, 5 g E, 15 g KH, 0 mg Chol

### Grundrezept inspiriert zu Variationen
2 EL Öl, 1 Zwiebel, 2 Knoblauchzehen, 2 l Gemüsebrühe, 200 g Kartoffeln und ca. 800 g Gemüse. Wichtig: Die Zwiebel gut weich dünsten, Gemüsebrühe dazugeben, 10 Minuten zugedeckt köcheln lassen und erst dann das Gemüse je nach Garzeit nacheinander in den Topf geben.

Selbstverständlich können Sie die Basensuppe auch nur mit zwei oder drei Gemüsesorten, z. B. mit Lauch, Karotten und Kartoffeln, zubereiten oder mit Blumenkohl, Sellerie und Tomaten.

# Rucola-Haselnuss-Pesto
## Für ca. 250 Gramm

### Zutaten
- 50 g Haselnüsse
- 80 g Rucola, klein geschnitten
- 70 g Zucchini, grob geraspelt
- 1 Knoblauchzehe, gehackt
- 2 EL Olivenöl
- 2 EL Zitronensaft
- ½ TL Bio-Zitronenschale, gehackt

Haselnüsse in einer trockenen Pfanne kurz unter Rühren anrösten, grob hacken. Haselnüsse, Rucola, Zucchini, Knoblauch, Öl, Zitronensaft und -schale mit dem Pürierstab oder im Cutter zu einem glatten Pesto mixen. Pesto mit Zitronensaft, Salz und Pfeffer abschmecken.

Pro Esslöffel ca. 27 kcal, 2 g F, 1 g E, 1 g KH, 0 mg Chol

Suppen

# Sellerie-Lauch-Cremesuppe mit Pilzen
## Für 4 Portionen

### Zutaten
- 1,5 l Gemüsebrühe (Gemüsesuppe)
- 100 g Kartoffeln, kleine Würfel
- 400 g Sellerie, kleine Würfel
- Muskatnuss, frisch gerieben
- ½ TL Kümmel, zerstoßen
- 250 g Lauch, feine Streifen
- 3 EL Sojacreme
- 1 EL Öl
- 200 g Champignons (Steinpilze, Pfifferlinge), dünne Scheiben
- Salz, Pfeffer
- 4 EL Petersilie, fein gehackt

Gemüsebrühe zum Kochen bringen. Kartoffeln, Sellerie, Muskat und Kümmel dazugeben. Die Suppe zugedeckt ca. 8 Minuten köcheln lassen. Lauch untermischen und 5 Minuten weiter köcheln lassen.

Sojacreme dazugeben. Suppe mit dem Mixstab fein pürieren.

Öl in einer Pfanne erhitzen, Pilze darin unter Rühren kurz braten, mit Salz und Pfeffer würzen. Pilze und Petersilie unter die Suppe mischen und servieren.

Pro Portion 107 kcal, 5 g F, 5 g E, 9 g KH, 0 mg Chol

# Brokkoli-Zucchini-Suppe mit Basilikum
## Für 4 Portionen

### Zutaten
- 1 EL Öl
- 1 Zwiebel, fein gehackt
- 2 Knoblauchzehen, fein gehackt
- Muskatnuss, frisch gerieben
- 1,25 l Gemüsebrühe (Gemüsesuppe)
- ½ TL Thymian, getrocknet
- 1 Stück Bio-Zitronenschale (5 x 2 cm)
- 500 g Brokkoli, kleine Röschen
- 500 g Zucchini, kleine Stücke
- 100 g mehlige Kartoffeln, kleine Würfel
- 1 EL Zitronensaft
- 1 Bund Basilikum oder Petersilie, fein geschnitten
- Salz, Pfeffer

Öl in einem beschichteten Topf erhitzen. Zwiebel darin bei milder Hitze weich und glasig dünsten. Knoblauch und Muskat dazugeben, unter Rühren kurz anbraten.

Mit Gemüsebrühe aufgießen, mit Thymian und Zitronenschale würzen. Brokkoli dazugeben, ca. 6 Minuten köcheln lassen. Zucchini unterrühren, ca. 4 Minuten weiter köcheln lassen.

Zitronensaft und Basilikum zugeben. Suppe mit dem Mixstab fein pürieren, mit Muskat, Salz und Pfeffer abschmecken.

Pro Portion 118 kcal, 3 g F, 8 g E, 13 g KH, 0 mg Chol

# Kürbis-Orangen-Suppe
## Für 4 Portionen

### Zutaten
- 1 EL Öl
- 1 Zwiebel, fein gehackt
- 800 g Muskatkürbis, (Hokkaido, Butternuss), kleine Stücke
- Muskatnuss, frisch gerieben
- ½ TL Fenchelsamen, zerstoßen
- 1 TL Koriander, zerstoßen
- ¼ TL Zimtpulver
- 600 ml Gemüsebrühe (Gemüsesuppe)
- 1 TL frischer Ingwer, fein gehackt
- 1 Stück Bio-Zitronenschale (5 x 2 cm)
- 1 Stück Bio-Orangenschale (5 x 2 cm)
- 1 Orange, geschält, kleine Stücke
- 3 EL Sojacreme
- Salz, Pfeffer
- 1 EL frische Minze, fein gehackt

Öl in einem beschichteten Topf erhitzen. Zwiebel darin zuerst glasig weich dünsten, dann unter Rühren kurz anbraten.

Kürbis, Muskat, Fenchelsamen, Koriander und Zimt untermischen, leicht salzen, kurz unter Rühren anbraten. Mit Gemüsebrühe aufgießen, mit Ingwer, Zitronen- und Orangenschale würzen. Suppe zum Kochen bringen und ca. 10 Minuten köcheln lassen, bis der Kürbis weich ist.

Orangenstücke und Sojacreme untermischen. Suppe mit dem Mixstab fein pürieren, mit Salz und Pfeffer abschmecken, mit Minze bestreuen.

Pro Portion 125 kcal, 5 g F, 4 g E, 15 g KH, 0 mg Chol

# Die blitzschnelle Rote-Beete-Kartoffel-Suppe
## Für 4 Portionen

### Zutaten
- 2 EL Öl
- 1 Zwiebel, fein gehackt
- 400 g mehlige Kartoffeln, kleine Stücke
- Muskatnuss, frisch gerieben
- 500 ml Gemüsebrühe (Gemüsesuppe)
- 300 ml Rote-Beete-Saft (Rote-Rüben-Saft, am besten milchsauer vergoren)
- 1 EL Zitronensaft
- Salz, Pfeffer

Öl erhitzen, Zwiebel darin weich und glasig dünsten. Kartoffeln und Muskat dazugeben, unter Rühren kurz anrösten. Mit Gemüsebrühe aufgießen, zugedeckt ca. 10 Minuten köcheln lassen, bis die Kartoffeln weich sind.

Rote-Beete- und Zitronensaft dazugeben. Suppe mit dem Mixer fein pürieren, nochmals erhitzen. Suppe mit Salz und Pfeffer abschmecken.

Pro Portion 156 kcal, 5 g F, 4 g E, 22 g KH, 0 mg Chol

Suppen

# Alles-Spargel-Suppe (Foto)
## Für 4 Portionen

Zutaten
- 800 g weißer Spargel
- 2 EL Öl
- 1 Zwiebel, fein gehackt
- 1,2 l Gemüsebrühe (Gemüsesuppe)
- 150 g mehlige Kartoffeln, kleine Würfel
- Muskatnuss, frisch gerieben
- 1 Stück Bio-Zitronenschale (3 x 2 cm)
- 1 EL Zitronensaft
- 5 EL Sojacreme
- Salz
- Pfeffer
- 2 EL frische Petersilie oder Kerbel, fein gehackt

Harte Spargelenden etwas abschneiden, Spargel gut schälen, in kleine Stücke schneiden.

Öl in einem beschichteten Topf erhitzen. Zwiebel darin bei milder Hitze glasig dünsten. Mit Gemüsebrühe aufgießen, Kartoffeln dazugeben, mit Muskat und Zitronenschale würzen, zugedeckt 10 Minuten köcheln lassen. Spargel und Zitronensaft dazugeben. Suppe zugedeckt ca. 10 Minuten köcheln lassen, bis der Spargel weich ist.

Sojacreme untermischen, Suppe mit dem Mixstab fein pürieren, mit Zitronensaft, Salz und Pfeffer abschmecken, mit Petersilie bestreuen.

Pro Portion 137 kcal, 8 g F, 5 g E, 10 g KH, 0 mg Chol

### Grüner Spargel als Suppeneinlage
Für ein Festessen 200 g grünen Spargel längs halbieren, in Stücke schneiden, in Salzwasser kurz blanchieren. Suppe portionsweise mit grünem Spargel anrichten, mit Zitronenzesten und Kerbel garnieren.

# Blumenkohl-Frühlingszwiebel-Suppe
## Für 4 Portionen

Zutaten
- 2 EL Öl
- 200 g mehlige Kartoffeln, dünne Scheiben
- 2 Knoblauchzehen, fein gehackt
- Muskatnuss, frisch gerieben
- 1,5 l Gemüsebrühe, (Gemüsesuppe)
- 500 g Blumenkohl (Karfiol), kleine Röschen
- 6 Frühlingszwiebeln (Jungzwiebeln), feine Ringe
- 1 TL Liebstöckel, getrocknet
- 5 EL Petersilie, fein gehackt
- Salz, Pfeffer

Öl in einem beschichteten oder gusseisernen Topf erhitzen. Kartoffeln, Knoblauch und Muskat dazugeben. Unter Rühren bei milder Hitze braten, bis die Kartoffeln stellenweise goldbraun sind.

Mit Gemüsebrühe aufgießen, zum Kochen bringen. Blumenkohl, Frühlingszwiebeln und Liebstöckel dazugeben. Zugedeckt ca. 10 Minuten köcheln lassen. Petersilie dazugeben, Suppe mit dem Mixstab fein pürieren, mit Salz, Pfeffer und Muskat abschmecken.

Pro Portion 125 kcal, 6 g F, 5 g E, 13 g KH, 0 mg Chol

Suppen

## Tomaten-Topinambur-Suppe
### Für 4 Portionen

**Zutaten**
- 2 EL Olivenöl
- 1 Zwiebel, fein gehackt
- 300 g Topinambur, kleine Stücke
- 2 Knoblauchzehen, fein gehackt
- Muskatnuss, frisch gerieben
- 1 Stück Bio-Zitronenschale (3 x 2 cm)
- 700 ml Gemüsebrühe (Gemüsesuppe)
- 600 g Tomaten, abgezogen, Stücke (oder geschälte Tomaten aus der Dose)
- Salz
- Pfeffer
- 4 EL Basilikum, fein gehackt

Öl in einem beschichteten Topf erhitzen. Zwiebel darin weich und glasig dünsten. Topinambur, Knoblauch, Muskat und Zitronenschale dazugeben, unter Rühren kurz anbraten. Mit Gemüsebrühe aufgießen. Zum Kochen bringen, ca. 10 Minuten köcheln lassen, bis der Topinambur weich ist.

Tomaten untermischen und 10 Minuten weiter köcheln lassen. Suppe mit dem Mixstab fein pürieren, mit Salz und Pfeffer abschmecken. Basilikum unterrühren.

Pro Portion 111 kcal, 6 g F, 4 g E, 10 g KH, 0 mg Chol

So wird's ein Festtagssüppchen!
Tipps auf meiner Website: www.elisabeth-fischer.com

## Brokkolicremesuppe mit Fenchel-Croûtons
### Für 4 Portionen

**Zutaten**
- ½ Bund Petersilie
- 2 EL Öl
- 1 Zwiebel, fein gehackt
- 2 Knoblauchzehen, fein gehackt
- 150 g mehlige Kartoffeln, kleine Stücke
- Muskatnuss, frisch gerieben
- 3 Pimentkörner, zerstoßen
- 1,2 l Gemüsebrühe (Gemüsesuppe)
- 1 TL Liebstöckel, getrocknet
- 400 g Brokkoli, kleine Röschen
- 1 Fenchelknolle, kleine Würfel
- Salz
- Pfeffer

Petersilienblättchen abzupfen. Petersilienstängel fein schneiden. Blättchen fein hacken.

1 EL Öl in einem beschichteten Topf erhitzen. Zwiebel darin weich dünsten. Knoblauch, Kartoffeln, Muskat und Piment dazugeben, unter Rühren kurz anbraten. Mit Gemüsebrühe aufgießen, mit Liebstöckel würzen. Suppe zum Kochen bringen, 5 Minuten köcheln lassen. Brokkoli dazugeben, 8 Minuten weiter köcheln lassen.

Petersilienblättchen untermischen, alles mit dem Mixstab fein pürieren.

1 EL Öl in einer beschichteten Pfanne erhitzen. Fenchel darin kurz unter Rühren braten, leicht salzen. Suppe portionsweise mit Fenchel bestreut servieren.

Pro Portion 127 kcal, 6 g F, 6 g E, 12 g KH, 0 mg Chol

# Kohlrabi-Karotten-Sellerie-Suppe mit Kokosmilch
## Für 4 Portionen

### Zutaten
- 1 l Gemüsebrühe (Gemüsesuppe)
- 200 ml Kokosmilch
- 2 TL frischer Ingwer, fein gehackt
- 1 TL Koriander, zerstoßen
- 4 Pimentkörner, zerstoßen
- ½ TL Fenchelsamen, zerstoßen
- ½ TL Bockshornkleesamen, zerstoßen
- Muskatnuss, frisch gerieben
- 400 g Kohlrabi, kleine Stücke
- 300 g Karotten, dünne Scheiben
- 50 g Sellerieknolle, kleine Würfel
- 200 g Lauch, feine Ringe
- 1 Stück Bio-Zitronenschale (3 x 2 cm)
- 1 EL frische Minze, fein geschnitten
- 4 EL frisches Basilikum, fein geschnitten

Gemüsebrühe mit Kokosmilch, Ingwer, Koriander, Piment, Fenchelsamen, Bockshornkleesamen und Muskat zum Kochen bringen.

Kohlrabi, Karotten und Sellerie dazugeben, zugedeckt 10 Minuten köcheln lassen. Lauch und Zitronenschale untermischen, 5 Minuten weiter köcheln lassen. Das Gemüse soll weich sein.

Suppe mit dem Mixstab fein pürieren, mit Salz und Pfeffer abschmecken, Minze und Basilikum unterrühren.

Pro Portion 166 kcal, 9 g F, 6 g E, 11 g KH, 0 mg Chol

### Oje, so eine lange Zutatenliste!
Die kommt von den vielen Gewürzen. Würzen macht null Arbeit, einfach ins Gewürzregal greifen. Stimmt, diese natürlichen Aromastoffe müssen zuerst mal gekauft werden, aber das ist eine einmalige Aktion, und die Gewürze halten sich gut verschlossen wochenlang.

Würzen Sie die Speisen ganz nach Ihrem persönlichen Geschmack. Diese cremige Suppe schmeckt zum Beispiel auch mit Ingwer und einer fertigen Currymischung.

### Schnelles Grundrezept für die optimale Resteverwertung
Diese Suppe ist ideal zur Verwertung kleiner Gemüsereste. Sehr gut schmeckt auch die Kombination Blumenkohl und Kartoffeln mit Kokosmilch oder Zucchini, Pilze und Lauch – inspirieren Sie einfach das Gemüsefach Ihres Kühlschranks, und schon ist ein neues Rezept fertig!

# Frühlingssuppe mit Spinat und Brunnenkresse
## Für 4 Portionen

Zutaten
- 2 EL Öl
- 200 g mehlige Kartoffeln, kleine Stücke
- 6 Frühlingszwiebeln (Jungzwiebeln), feine Ringe
- 1 l Gemüsebrühe (Gemüsesuppe)
- 1 TL Liebstöckel, getrocknet
- Muskatnuss, frisch gerieben
- 1 Stück Bio-Zitronenschale (3 x 2 cm)
- 200 g junger Spinat (große Blätter grob geschnitten)
- 1 Handvoll Brunnenkresse, Stücke (ca. 60 g)
- 1–2 EL Zitronensaft
- Salz
- Pfeffer

Öl in einem beschichteten Topf erhitzen, Kartoffeln darin kurz unter Rühren anbraten. Frühlingszwiebeln dazugeben, kurz unter Rühren andünsten. Mit Gemüsebrühe aufgießen, mit Liebstöckel, Muskat und Zitronenschale würzen.

Suppe zugedeckt 10 Minuten köcheln lassen. Spinat unterrühren, einen Moment erhitzen. Die Blättchen sollen gerade zusammenfallen.

Suppe vom Herd nehmen. Brunnenkresse und Zitronensaft unterrühren. Suppe mit dem Mixstab fein pürieren, mit Salz und Pfeffer abschmecken, mit dem Kurkuma-Ingwer-Sellerie-Dip (siehe unten) anrichten.

Pro Portion 100 kcal, 5 g F, 3 g E, 10 g KH, 0 mg Chol

### Keine Brunnenkresse?
Dann wird einfach ein Bund gehackte Petersilie, Basilikum oder Rucola in die Suppe gemixt.

# Sellerie-Dip mit Ingwer und Kurkuma
## Für 4 Portionen

Zutaten
- 150 ml Gemüsebrühe (Gemüsesuppe)
- 200 g Selleriewurzel, sehr kleine Würfel
- 1 TL frischer Ingwer, fein gehackt
- ¼ TL gemahlene Kurkuma
- schwarzer Pfeffer
- 1 TL Zitronensaft

Gemüsebrühe mit Sellerie, Ingwer und Kurkuma aufkochen und ca. 12 Minuten kochen lassen, bis der Sellerie weich ist. Bei Bedarf noch etwas Gemüsebrühe zugeben. Sobald der Sellerie weich ist, soll die Gemüsebrühe fast verkocht sein. Alles mit dem Mixstab fein pürieren, mit Pfeffer und Zitronensaft abschmecken.

Pro Portion 13 kcal, 0 g F, 1 g E, 2 g KH, 0 mg Chol

## Kräuter-Bouillon mit Blumenkohl und Kartoffeln
### Für 4 Portionen

Zutaten
- 800 ml Gemüsebrühe (Gemüsesuppe)
- Muskatnuss, frisch gerieben
- 1 TL frischer Ingwer, gehackt
- 300 g Kartoffeln, kleine Würfel
- 300 g Blumenkohl (Karfiol), sehr kleine Röschen
- 1 Bund Petersilie, fein gehackt
- 1 Bund Basilikum, fein gehackt
- 2 EL Zitronensaft
- 2 EL Olivenöl
- 400 ml Selleriesaft (frisch oder aus der Flasche)
- Salz
- Pfeffer

Gemüsebrühe mit Muskat und Ingwer zum Kochen bringen. Kartoffeln dazugeben, 4 Minuten köcheln lassen. Blumenkohl dazugeben, ca. 7 Minuten weiter köcheln lassen.

Im Cutter (Multizerkleinerer) oder mit dem Mixstab aus Petersilie, Basilikum, Zitronensaft, Öl und 6 EL Gemüsebrühe (aus dem Suppentopf) eine glatte Creme mixen.

Selleriesaft in die Suppe rühren. Suppe kurz erhitzen und vom Herd nehmen.

Kräutercreme untermischen. Suppe mit Salz, Pfeffer und Muskat abschmecken.

Pro Portion 140 kcal, 6 g F, 6 g E, 16 g KH, 0 mg Chol

## Paprika-Pastinaken-Suppe
### Für 4 Portionen

Zutaten
- 2 EL Öl
- 1 große Zwiebel, fein gehackt
- 3 Knoblauchzehen, fein gehackt
- ½ TL Kümmel, zerstoßen
- 1 TL Koriander, zerstoßen
- 1 l Gemüsebrühe (Gemüsesuppe)
- 50 g mehlige Kartoffeln, kleine Stücke
- 300 g Pastinaken, kleine Stücke
- 3 rote Paprikaschoten, Stücke
- Salz, Chilipulver
- ½ Bund Schnittlauch, fein geschnitten

Öl in einem beschichteten Topf erhitzen. Zwiebel und Knoblauch bei milder Hitze weich dünsten. Kümmel und Koriander dazugeben, alles kurz anrösten.

Mit Gemüsebrühe aufgießen, Kartoffeln, Pastinaken und Paprika dazugeben. Suppe zum Kochen bringen, zugedeckt ca. 15 Minuten köcheln lassen, bis das Gemüse weich ist.

Suppe mit dem Mixstab fein pürieren, mit Salz und Chili abschmecken, mit Schnittlauch bestreut servieren.

Pro Portion 109 kcal, 6 g F, 3 g E, 10 g KH, 0 mg Chol

# Kürbis-Maroni-Suppe mit Vanille
## Für 4 Portionen

Zutaten
- 2 EL Öl
- 1 Zwiebel, fein gehackt
- ¼ TL Anis, zerstoßen
- ¼ TL Zimtpulver
- Muskatnuss, frisch gerieben
- 800 ml Gemüsebrühe (Gemüsesuppe)
- 600 g Butternusskürbis (Muskat- oder Hokkaido-Kürbis), kleine Stücke
- 1 saftiger Apfel, kleine Stücke
- 1 TL frischer Ingwer, fein gehackt
- 1 Vanilleschote
- 100 g gekochte Maroni, Stücke
- 1 Stück Bio-Zitronenschale (3 x 2 cm)
- Salz
- Pfeffer
- 4 EL Petersilie, fein gehackt

Öl in einem beschichteten Topf erhitzen. Zwiebel darin bei milder Hitze glasig weich dünsten. Anis, Zimt und Muskat dazugeben, unter Rühren kurz anrösten.

Mit Gemüsebrühe aufgießen. Kürbis, Apfel und Ingwer dazugeben. Suppe zum Kochen bringen, zugedeckt ca. 10 Minuten köcheln lassen, bis Kürbis und Äpfel fast weich sind.

Vanilleschote mit einem scharfen, kleinen Messer längs halbieren, das Vanillemark auskratzen.

Vanillemark, Maroni und Zitronenschale in die Suppe geben, 3 Minuten köcheln.
Suppe mit dem Mixstab fein pürieren, mit Salz und Pfeffer abschmecken, mit Petersilie bestreuen.

Pro Portion 111 kcal, 6 g F, 1 g E, 14 g KH, 0 mg Chol

### Beruhigt den Magen, entzückt die Geschmacksnerven und schmeichelt der Seele!
Eines meiner Lieblingsrezepte, rund, warm und harmonisch das Aroma, dazu ein angenehmes Mundgefühl. Probieren Sie diese Suppe aus Kürbis, Apfel und Maroni gewürzt mit Vanille, Anis und Zimt. Gekochte Maroni gibt es übrigens im Supermarkt zu kaufen.

# Asia-Suppe mit Pilzen, Sprossen und Brat-Tofu
## Für 4 Portionen

### Für den Brat-Tofu
- 1 EL Öl
- 200 g Tofu, dünne Scheiben
- 2 EL Sojasoße
- ¼ TL Fünfgewürzpulver (Zimt, Fenchel, Pfeffer, Sternanis, Nelken)
- ½ TL Sesamgewürzöl

### Für die Suppe
- 1 EL Öl
- 1 Zwiebel, feine Ringe
- 1,5 l Gemüsebrühe (Gemüsesuppe)
- 2 TL frischer Ingwer, fein gehackt
- 200 g Karotten, längs halbiert, dünne Scheiben
- 100 g Gelbe Rüben, dünne Scheiben
- 1 kleine Petersilienwurzel, feine Stifte
- 200 g Wirsing, feine Streifen
- 150 g Shiitake Pilze (oder Champignons), dünne Scheiben
- 80 g Sojasprossen
- 1 EL Sesamkörner, geröstet
- ½ Bund Koriander
- 3 Zweigchen Basilikum

Für den Brat-Tofu in einer beschichteten Pfanne 1 EL Öl erhitzen, Tofu darin auf beiden Seiten anbraten, mit Sojasoße ablöschen, mit Fünfgewürzpulver und Sesamgewürzöl aromatisieren, braten bis die gesamte Flüssigkeit verdampft ist. Tofu aus der Pfanne nehmen.

Für die Suppe 1 EL Öl in einem beschichteten Topf erhitzen. Zwiebel darin zuerst glasig weich dünsten, dann unter Rühren goldgelb braten. Mit Gemüsebrühe aufgießen, Ingwer dazugeben. Suppe zugedeckt 10 Minuten köcheln lassen.

Karotten, Gelbe Rüben und Petersilienwurzel dazugeben, weitere 3 Minuten köcheln lassen. Wirsing und Shiitakepilze dazugeben und 2 Minuten köcheln lassen. Sprossen untermischen, wieder 2 Minuten köcheln lassen.

Tofu in die Suppe geben, kurz erhitzen. Asia-Gemüsesuppe mit ein paar Tropfen Sojasoße und Sesamgewürzöl abschmecken.

Suppe portionsweise in großen Schüsseln anrichten, ganz stilecht mit Basilikum- und Korianderblättchen garnieren.

Pro Portion 165 kcal, 10 g F, 10 g E, 9 g KH, 0 mg Chol

### Stilecht essen, individuell würzen
In Vietnam werden zu kräuterwürzigen Suppentöpfen meist Limettenspalten und Chiliringe serviert, so kann jeder selbst den Schärfegrad seines Süppchens bestimmen.

Dieser Suppentopf ist ein schnell zubereitetes Grundrezept. Es lädt zu Variationen ein. Dazu gibt es Rezeptvorschläge auf meiner Website: www.elisabeth-fischer.com

# Cremige Kokossuppe mit Spinat, Brokkoli, Zucchini und Lauch
## Für 4 Portionen

### Zutaten
- 1 l Gemüsebrühe (Gemüsesuppe)
- 200 ml Kokosmilch
- 1 kleine Zwiebel, fein gehackt
- 2 Knoblauchzehen, fein gehackt
- 100 g Kartoffeln, kleine Würfel
- 1 Stück Bio-Zitronenschale (3 x 2 cm)
- Muskatnuss, frisch gerieben
- 1 TL Koriander, zerstoßen
- 200 g Brokkoli, kleine Röschen
- 100 g Lauch, feine Ringe
- 200 g Zucchini, kleine Röschen
- 100 g Spinat, Stücke
- 1 EL Limetten- oder Zitronensaft
- Salz
- Pfeffer
- 4 EL frische Kräuter, fein gehackt (Koriander, Minze, Basilikum, Petersilie)

400 ml Gemüsebrühe mit der Kokosmilch zum Kochen bringen. Zwiebel, Knoblauch, Kartoffeln, Zitronenschale, Muskat und Koriander dazugeben. Alles zugedeckt 15 Minuten köcheln lassen und mit dem Mixstab cremig pürieren.

Gleichzeitig in einem zweiten Topf die restliche Gemüsebrühe zum Kochen bringen. Brokkoli und Lauch dazugeben, zugedeckt ca. 6 Minuten köcheln lassen. Zucchini dazugeben, weitere 2 Minuten köcheln lassen. Spinat untermischen, nur kurz aufkochen, bis die Spinatblättchen zusammenfallen.

Cremesuppe unterrühren. Suppe mit Limettensaft, Salz und Pfeffer abschmecken, mit Kräutern bestreuen.

Pro Portion 150 kcal, 10 g F, 6 g E, 11 g KH, 0 mg Chol

### Pfiffig und schnell kochen mit der 2-Töpfe-Methode
In einem Topf wird die aromatisch-cremige Suppengrundlage zubereitet. Im zweiten Topf werden Brokkoli, Lauch, Zucchini und Spinat in Gemüsebrühe bissfest gegart. Zum Schluss wird alles vermischt – und fertig ist ein raffiniertes Süppchen.

# Wirsingsuppe mit Champignons
## Für 4 Portionen

Zutaten
- 2 EL Öl
- 1 kleine Zwiebel, fein gehackt
- 2 Knoblauchzehen, fein gehackt
- 100 g mehlige Kartoffeln, kleine Stücke
- Muskatnuss, frisch gerieben
- ½ TL Kümmel, zerstoßen
- ½ TL Fenchelsamen, zerstoßen
- 1 Bund Petersilie, fein gehackt
- 1,2 l Gemüsebrühe (Gemüsesuppe)
- 500 g Wirsing, feine Streifen
- Salz
- Pfeffer
- 200 g Champignons, dünne Scheiben

1 EL Öl in einem beschichteten Topf erhitzen. Zwiebel und Knoblauch darin weich dünsten. Kartoffeln, Muskat, Kümmel und Fenchelsamen untermischen, kurz unter Rühren anbraten. Die Hälfte der Petersilie dazugeben, kurz andünsten.

Mit Gemüsebrühe aufgießen. Suppe zum Kochen bringen, Wirsing untermischen, zugedeckt 12 Minuten köcheln lassen. Restliche Petersilie untermischen, mit Salz und Pfeffer abschmecken. Suppe mit dem Mixstab fein pürieren.

1 EL Öl in einer beschichteten Pfanne erhitzen. Pilze darin unter Rühren 3 Minuten braten, mit Salz und Pfeffer abschmecken. Pilze in die Wirsingsuppe mischen.

Pro Portion 100 kcal, 6 g F, 6 g E, 6 g KH, 0 mg Chol

# Misosuppe – ein Grundrezept
## Für 4 Portionen

Zutaten
- 4 EL Reis- oder Gerstenmiso
- 1,2 l schwach gesalzene Gemüsebrühe (Gemüsesuppe)
- 1 Karotte, dünne Stifte
- 200 g Kartoffeln, feine Scheiben
- 1 TL frischer Ingwer, gehackt
- 150 g Tofu, kleine Würfel
- 200 g Brokkoli, kleine Röschen
- 2 Frühlingszwiebeln (Jungzwiebeln), feine Ringe
- 1 EL ungeschälter Sesam, geröstet (S. 41)

Miso mit 4 EL kaltem Wasser glatt rühren. Gemüsebrühe zum Kochen bringen. Karotte, Kartoffeln und Ingwer dazugeben, 5 Minuten leicht kochen lassen. Tofu und Brokkoli dazugeben, weitere 4 Minuten köcheln lassen. Das Gemüse soll bissfest sein.

Suppe vom Herd nehmen. Miso unterrühren. Suppe mit Frühlingszwiebeln und Sesam bestreut servieren.

Pro Portion 138 kcal, 5 g F, 10 g E, 12 g KH, 0 mg Chol

### Miso – ideal für die schnelle Küche
Mineralstoffreich und fettarm, die würzige Paste aus Sojabohnen und Getreide ist ein traditionelles japanisches Produkt. Miso ist die älteste Instantsuppe der Welt, natürlich gewonnen durch Fermentation.

Mehr Informationen zu Miso und Rezept-Varianten auf meiner Website: www.elisabeth-fischer.com

# Karotten-Tomaten-Suppe
## Für 4 Portionen

### Zutaten
- 2 EL Öl
- 1 Zwiebel, fein gehackt
- 3 Knoblauchzehen, fein gehackt
- 200 g mehlige Kartoffeln, kleine Stücke
- Muskatnuss, frisch gerieben
- 1 TL Koriander, zerstoßen
- 1 Prise Zimtpulver
- 1,2 l Gemüsebrühe (Gemüsesuppe)
- 400 g Karotten, dünne Scheiben
- 300 g Tomatenstücke (Dose, Tetra-Pak)
- Salz, Pfeffer

Öl in einem beschichteten oder gusseisernen Topf erhitzen. Zwiebel darin bei milder Hitze weich und glasig dünsten. Knoblauch, Kartoffeln, Muskat, Koriander und Zimt dazugeben, unter Rühren kurz anbraten.

Mit Gemüsebrühe aufgießen. Suppe zum Kochen bringen, ca. 10 Minuten köcheln lassen. Karotten dazugeben, weitere 8 Minuten köcheln lassen. Tomaten untermischen, noch 3 Minuten köcheln lassen.

Suppe mit dem Mixstab fein pürieren, mit Salz und Pfeffer abschmecken. Besonders gut schmeckt die Karotten-Tomaten-Suppe mit einem Klacks schnell gemixtem Basilikum-Dip (siehe unten).

Pro Portion 130 kcal, 5 g F, 3 g E, 16 g KH, 0 mg Chol

# Basilikum-Dip
## Für ca. 200 Gramm

### Zutaten
- 100 g gekochte Kartoffeln, fein gerieben
- 1 Bund Basilikum, fein gehackt
- 6 EL Sojacreme
- ½ TL Bio-Zitronenschale, gehackt
- 1 EL Zitronensaft
- Salz
- Pfeffer

Mit dem Mixstab Kartoffeln, Basilikum, Sojacreme, Zitronenschale und Zitronensaft zu einer glatten Creme verarbeiten. Dip mit Salz und Pfeffer abschmecken.

Pro Portion 10 kcal, 0,5 g F, 0,2 g E, 0,2 g KH, 0 mg Chol

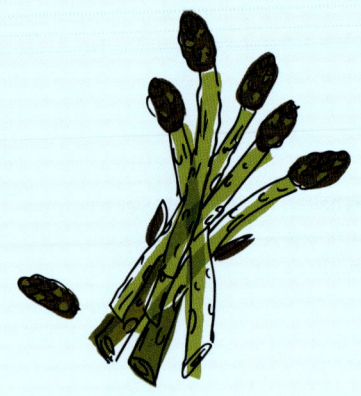

# Gemüse

## VEGAN FASTEN

Neue kulinarische Entdeckungen, jeden Tag ein frisch gekochtes Gemüsegericht mit einer Kartoffelbeilage – beim VEGAN FASTEN kommen Sie auf den Geschmack der leichten, vitaminreichen Küche. Damit die belebenden Vitalstoffe erhalten bleiben, wird Gemüse schonend und so kurz wie möglich gekocht. Brokkoli bleibt strahlend grün und aromatisch, gart er nur wenige Minuten über Wasserdampf. Dafür brauchen Sie keinen elektrischen Dampfgarer, es funktioniert auch in einem Topf mit gut schließendem Deckel und einem Dämpfeinsatz. Zucchini und Jungzwiebeln, Karotten und Mangold, unter Rühren gebraten im Wok oder einer beschichteten Pfanne – damit dies perfekt gelingt, kommen harte Gemüsesorten zuerst in den Wok und weichere erst am Ende der minutenkurzen Garzeit. Vorteil hat auch das Dünsten im eigenen Saft oder mit wenig Flüssigkeit, dabei verbindet sich zum Beispiel das zarte Aroma der Kohlrabi mit dem Geschmack von Kokosmilch und Currygewürzen.

Eine Voraussetzung gilt jedoch für alle Garmethoden: Die Gemüse müssen den kurzen Garzeiten entsprechend gleichmäßig klein geschnitten werden. Darum fördert auch ein scharfes Messer das Abnehmen.

## VEGAN SCHLANK BLEIBEN

Ein Hauptrolle beim Schlankbleiben spielen die fettarm zubereiteten Gemüsegerichte. Allerdings werden diese jetzt auch mit einer sättigenden Getreidebeilage serviert. Naturreis passt perfekt zu gebratenen Auberginen mit Sesam und Fünf Gewürzen (S. 95), Blumenkohl in aromatischer Tomatensoße (S. 87) ist wie gekocht für kleinkörnigen Couscous. Probieren Sie Quinoa zu Karotten, Fenchel und Ananas mit pikanter Mandarinensoße (S. 82) und Tagliatelle zu den cremigen Champignons im eigenen Saft (S. 86). Rechnen Sie pro Portion 50 g ungekochtes Getreide und 80 g ungekochte Teigwaren, dann essen Sie weiterhin ein Hauptgericht mit ca. 400 kcal.

Abwechslung muss sein bei den Beilagen und besonders beim Schlankbleiben: Servieren Sie auch Bewährtes zu Gemüsegerichten: Folienkartoffeln (S. 76), Currykartoffeln (S. 81), Kartoffel-Karotten-Sellerie-Rösti (S. 86) und gratinierte Kartoffelscheiben (S. 94).

Gemüse

# Brokkoli in Kerbel-Nuss-Sosse
## Für 2 Portionen

### Zutaten
- 1 TL Öl
- ½ Zwiebel, fein gehackt
- 250 ml Gemüsebrühe (Gemüsesuppe)
- 50 g mehlige Kartoffeln, kleine Stücke
- Muskatnuss, frisch gerieben
- 1 EL Cashewnussmus oder Cashewnüsse, gehackt
- 1 Bund Kerbel, fein gehackt
- 1–2 EL Zitronensaft
- ½ TL Bio-Zitronenschale, fein gehackt
- 400 g Brokkoli, kleine Röschen
- Salz
- Pfeffer
- ½ Bund Rucola, Stücke

Öl in einem beschichteten Topf erhitzen, Zwiebel darin glasig und weich dünsten, mit Gemüsebrühe aufgießen. Kartoffeln dazugeben, mit Muskat würzen, zugedeckt 10 Minuten köcheln lassen. Cashewnussmus, Kerbel, Zitronensaft und -schale unterrühren. Alles mit dem Mixstab fein pürieren.

In der Garzeit der Soße den Brokkoli zugedeckt in einem Siebeinsatz über Wasserdampf in ca. 6 Minuten bissfest garen.

Brokkoli mit der Kerbel-Nuss-Soße vermischen, mit Salz, Muskat und Pfeffer abschmecken, mit Rucola bestreuen. Dazu schmecken Folienkartoffeln (siehe unten).

Pro Portion 141 kcal, 5 g F, 10 g E, 13 g KH, 0 mg Chol

### Kräuter-Sosse im Einklang mit der Jahreszeit
Zarter Kerbel erfreut uns im Frühling mit frischem Grün und feinem Aroma. Damit beides erhalten bleibt, wird der Kerbel erst am Ende der Garzeit in die Soße gemixt. Dieses einfache Rezept kann aber auch mit Basilikum, Petersilie oder Dill zubereitet werden.

# Folienkartoffeln
## Für 2 Portionen

### Zutaten
- 2 große Bio-Kartoffeln (à 200 g)
- 1 TL Öl

Backofen auf 200 °C (Umluft 180 °C, Gas Stufe 4–5) vorheizen.

Kartoffeln abbürsten, waschen, mit Öl bepinseln, in Alufolie wickeln und im vorgeheizten Ofen auf dem Rost ca. 60 Minuten braten.

Pro Portion 160 kcal, 2 g F, 4 g E, 30 g KH, 0 mg Chol

# Spargel mit kräuterwürzigem Kokos-Pesto
## Für 2 Portionen

### Für den Pesto
- 50 g Petersilie, gehackt
- 1 EL frische Minze, gehackt
- 80 ml Kokosmilch, ungesüßt
- 1 Knoblauchzehe, gehackt
- 2 EL Limetten- oder Zitronensaft
- 1 TL frischer Ingwer, gehackt
- ½ TL Bio-Zitronenschale, gehackt
- ½ TL Koriander, zerstoßen
- Salz, Pfeffer

### Für den Spargel
- 1 kg weißer Spargel
- Salz
- 4 Zitronenscheiben

Für den Pesto Petersilie, Minze, Kokosmilch, Knoblauch, Limettensaft, Ingwer, Zitronenschale und Koriander im Cutter (Multizerkleinerer) oder mit dem Mixstab zu einer glatten Paste verarbeiten. Pesto mit Salz und Pfeffer abschmecken.

Harte Spargelenden abschneiden. Spargel großzügig schälen. Salzwasser mit Zitronenscheiben zum Kochen bringen. Spargel darin in ca. 10 Minuten bissfest kochen lassen. Kokos-Pesto mit 6 EL Spargelkochwasser glatt rühren.

Spargel aus dem Topf heben, portionsweise anrichten. Kokos-Pesto darauf verteilen. Dazu schmecken neue, in der Schale gedämpfte Kartoffeln.

Pro Portion 190 kcal, 9 g F, 12 g E, 16 g KH, 0 mg Chol

### Noch schneller mit grünem Spargel
Wenn Sie's eilig haben, verwenden Sie grünen Spargel, der muss nicht geschält werden: nur die trockenen Enden abschneiden – ab in den Topf.

### Einfach abwechslungsreich kochen und köstlich kombinieren
Das blitzschnell zubereitete Kokos-Pesto passt auch gut zu gedämpftem Brokkoli und Folienkartoffeln (S. 76). Es verfeinert Kartoffelpürees und Suppen, schmeckt zu Zucchini und Frühlingszwiebeln aus dem Wok (S. 81), gegrillten Tomatenscheiben (S. 90) oder zum geschmorten Gemüse (S. 92).

# Geschmorte Pilzköpfe in pikanter Traubensosse
## Für 2 Portionen

### Zutaten
- 400 g große Grillpilze (große Champignons)
- 100 g Schalotten oder 1 Zwiebel
- 1 EL Olivenöl
- 7 EL weißer Traubensaft
- 2 EL Zitronensaft
- 2 EL Sojasoße
- ½ TL frischer Ingwer, fein gehackt
- Pfeffer
- 3 EL frischer Koriander oder Petersilie, fein gehackt

Trockene Enden der Pilzstiele abschneiden. Schalotten abziehen. Kleine Schalotten ganz lassen, größere halbieren. (Zwiebel abziehen, in feine Ringe schneiden.)

Öl in einer großen, beschichteten oder gusseisernen Pfanne erhitzen. Schalotten dazugeben, leicht salzen, zugedeckt bei milder Hitze ca. 15 Minuten zuerst glasig dünsten, dann zugedeckt etwas Farbe annehmen lassen. (Wenn notwendig 2–3 EL Wasser dazugeben, damit die Schalotten nicht anbrennen.)

Pilze mit den Hüten nach unten nebeneinander in die Pfanne setzen, kurz anbraten. Traubensaft, Zitronensaft, Sojasoße, Ingwer und Pfeffer verrühren. Soße über die Pilze und in der Pfanne verteilen. Pilze zugedeckt 20 Minuten bei milder Hitze schmoren lassen, mit Koriander bestreut anrichten. Dazu schmeckt das grasgrüne Petersilien-Kartoffelpüree (S. 87). Ein Foto vom Probekochen der Pilzköpfe finden Sie auf meiner Website: www.elisabeth-fischer.com.

Pro Portion 137 kcal, 6 g F, 8 g E, 13 g KH, 0 mg Chol

# Mangold und Karotten (unter Rühren gebraten)
## Für 2 Portionen

### Zutaten
- 300 g Mangold
- 1 EL Öl
- 2 Knoblauchzehen, blättrig geschnitten
- 200 g Karotten, feine Stifte
- 1 TL frischer Ingwer, gehackt
- 50 ml Gemüsebrühe (Gemüsesuppe)
- 1–2 EL Sojasoße
- 2 EL naturtrüber Apfelsaft
- 1 Frühlingszwiebel (Jungzwiebel), feine Ringe

Mangoldstiele in dünne Scheiben, Mangoldblätter in dünne Streifen schneiden. Öl im Wok oder einer beschichteten Pfanne erhitzen. Knoblauch darin unter Rühren kurz braten. Karotten und Ingwer dazugeben, kurz unter Rühren braten. Mangoldstiele dazugeben, kurz unter Rühren braten.

Mangoldblätter untermischen, unter Rühren braten, bis die Blätter zusammenfallen. Gemüsebrühe, Sojasoße und Apfelsaft untermischen, alles einen Moment erhitzen. Gemüse mit Frühlingszwiebeln bestreuen.

Pro Portion 128 kcal, 6 g F, 5 g E, 13 g KH, 0 mg Chol

# Frühlingszwiebeln und Zucchini aus dem Wok
## Für 2 Portionen

### Zutaten
- 1 EL Öl
- 300 g Zucchini, kleine Stücke
- Salz
- 4 Frühlingszwiebeln (Jungzwiebeln), längs halbiert, Stücke
- Pfeffer
- 1–2 EL Zitronensaft

½ EL Öl im Wok erhitzen. Zucchini darin unter Rühren kurz braten, salzen, aus dem Wok nehmen. ½ EL Öl im Wok erhitzen, Frühlingszwiebeln darin kurz unter Rühren braten.

Zucchini untermischen, alles unter Rühren kurz erhitzen, mit Salz, Pfeffer und Zitronensaft würzen. Dazu schmecken der würzige Sonnentomaten-Tofu und Curry-Kartoffeln (siehe unten).

Pro Portion 94 kcal, 6 g F, 3 g E, 7 g KH, 0 mg Chol

# Gebratener Sonnentomaten-Tofu
## Für 2 Portionen

### Zutaten
- 50 g getrocknete Tomaten, fein gehackt
- 1 Knoblauchzehe, fein gehackt
- 2½ EL Sojasoße
- 1 EL Olivenöl
- ½ TL Cumin, zerstoßen
- ½ TL Koriander, zerstoßen
- 120 g Tofu, dünne Scheiben

Getrocknete Tomaten, Knoblauch, Sojasoße, ½ EL Öl, Cumin und Koriander verrühren. Tofu damit bestreichen, kalt stellen und 2 Stunden marinieren lassen.
In einer beschichteten Pfanne ½ EL Öl erhitzen. Marinierten Tofu darin auf beiden Seiten braten.

Pro Portion 109 kcal, 6 g F, 9 g E, 5 g KH, 0 mg Chol

# Curry-Kartoffeln
## Für 2 Portionen

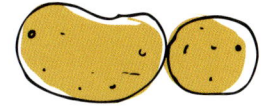

### Zutaten
- ½ EL Öl
- 300 g Kartoffeln, kleine Spalten
- Salz
- ½ TL Currypulver
- ½ TL Koriander, zerstoßen

Öl erhitzen, Kartoffeln dazugeben, salzen und kurz unter Rühren anbraten, mit Currypulver und Koriander würzen, mit Wasser bedecken und zugedeckt bei guter Hitze ca. 15 Minuten garen, bis das gesamte Wasser verdampft ist.

Pro Portion 128 kcal, 3 g F, 3 g E, 22 g KH, 0 mg Chol

Gemüse

# Karotten, Fenchel und Ananas mit pikanter Mandarinen-Soße
## Für 2 Portionen

### Zutaten
- 1 EL Öl
- 1 Zwiebel, fein gehackt
- 200 g Karotten, dünne Scheiben
- 1 kleine Fenchelknolle, feine Streifen
- 150 ml Gemüsebrühe (Gemüsesuppe)
- 1 TL Rosinen, gehackt
- 100 g Ananas, kleine Stücke
- 100 ml frisch gepresster Mandarinensaft (oder Orangensaft)
- 1 EL Sojasoße
- Chilipulver
- 1 gestrichener TL Kartoffelstärke

Öl in einer beschichteten Pfanne oder im Wok erhitzen. Zwiebel darin bei milder Hitze zuerst weich dünsten, dann unter Rühren anbraten. Karotten und Fenchel dazugeben, kurz anbraten, zugedeckt 6 Minuten im eigenen Saft dünsten.

Mit Gemüsebrühe aufgießen, Rosinen dazugeben, zugedeckt 4 Minuten köcheln lassen. Ananas untermischen, 2 Minuten köcheln lassen.

Mandarinensaft, Sojasoße, 1 Prise Chili und Kartoffelstärke glatt rühren, mit dem Gemüse vermischen, kurz köcheln lassen, bis die Soße bindet.

Pro Portion 184 kcal, 6 g F, 5 g E, 26 g KH, 0 mg Chol

# Kohlrabi in Basilikum-Kokos-Soße
## Für 2 Portionen

### Zutaten
- 250 ml Gemüsebrühe (Gemüsesuppe)
- 80 ml Kokosmilch
- 4 Frühlingszwiebeln (Jungzwiebeln), feine Ringe
- 1 Knoblauchzehe, fein gehackt
- 1 TL frischer Ingwer, fein gehackt
- 1 Stück Bio-Zitronenschale
- Salz
- 400 g Kohlrabi, 3 mm dünne Scheiben
- ½ EL Zitronensaft
- ½ Bund frisches Basilikum, fein geschnitten

Gemüsebrühe und Kokosmilch mit Frühlingszwiebeln, Knoblauch, Ingwer und Zitronenschale zum Kochen bringen. Zugedeckt 7 Minuten köcheln lassen.

Kohlrabi untermischen, leicht salzen, zugedeckt ca. 5 Minuten weiter köcheln lassen. Die Kohlrabi sollen weich sein, aber noch einen leichten Biss haben. Kohlrabi mit Zitronensaft abschmecken, Basilikum untermischen.

Pro Portion 159 kcal, 8 g F, 6 g E, 15 g KH, 0 mg Chol

Orange · Grün · Rot

# Ofenkürbis mit Spinat und Tomaten
## Für 2 Portionen

### Zutaten
- 400 g Kürbis, kleine Würfel (Hokkaido-, Muskat- oder Butternusskürbis)
- 1 EL Olivenöl
- 1 TL Koriander, zerstoßen
- 1 TL Rosmarin, gehackt
- Muskatnuss, frisch gerieben
- 200 g Spinat
- Salz
- 2 Knoblauchzehen, gehackt
- 1 Tomate, abgezogen, Würfel
- 1 TL Zitronensaft
- Pfeffer

Backofen auf 180 °C (Umluft 160 °C, Gas Stufe 3–4) vorheizen. Kürbis, ½ EL Olivenöl, Koriander, Rosmarin und Muskat vermischen und in einer Schicht in einer flachen, beschichteten Form verteilen. Kürbis im vorgeheizten Ofen 20 Minuten garen, dabei öfters wenden. Der Kürbis soll weich sein und sich stellenweise knusprig braun verfärben.

Spinat mit wenig Salz in einen großen Topf geben, zugedeckt bei guter Hitze in 2 Minuten zusammenfallen und in einem Sieb abtropfen lassen. (Größere Spinatblätter in Stücke schneiden.)

½ EL Olivenöl in einer beschichteten Pfanne erhitzen. Knoblauch darin unter Rühren kurz anbraten. Kürbis und Tomatenwürfel dazugeben, unter Rühren braten, bis die Tomatenwürfel heiß sind.

Spinat untermischen. Alles unter Rühren kurz erhitzen, mit Zitronensaft, Salz und Pfeffer abschmecken.

Ganz köstlich dazu schmeckt das Petersilien-Kartoffel-Püree (S.87).

Pro Portion 133 kcal, 6 g F, 6 g E, 14 g KH, 0 mg Chol

### Hokkaido-Kürbis muss nicht geschält werden!
Die Schale des kräftig orangeroten Kürbisses kann man essen. Das spart Arbeit und die kleinen Kürbiswürfel behalten beim Braten im Ofen ihre Form.

### So geht's besonders schnell
Einfach Tomatenwürfel aus der Dose und tiefgekühlten Blattspinat verwenden. Der wird leicht angetaut und dann gleich mit Tomaten und Kürbis in der Pfanne erhitzt.

Gemüse

# Blumenkohl-Zucchini-Curry
## Für 2 Portionen

### Zutaten
- 1 EL Öl
- ½ Zwiebel, fein gehackt
- 1 TL Currypulver
- 300 g Blumenkohl (Karfiol), kleine Röschen
- 2 Knoblauchzehen, fein gehackt
- Salz
- 200 ml Gemüsesuppe (Gemüsebrühe)
- 1 TL frischer Ingwer, fein gehackt
- 1 Stück Bio-Zitronenschale (3 x 2 cm)
- 200 g Zucchini, dünne Scheiben
- 50 g junge TK-Erbsen
- 2 EL Sojacreme
- 2 EL Zitronensaft

Öl in einem beschichteten Topf erhitzen. Zwiebel darin bei milder Hitze weich und glasig dünsten. Currypulver untermischen, unter Rühren kurz anrösten.

Blumenkohl und Knoblauch unterrühren, leicht salzen, unter Rühren kurz anbraten. Mit Gemüsebrühe aufgießen, mit Ingwer und Zitronenschale würzen. Curry zugedeckt ca. 8 Minuten köcheln lassen, bis der Blumenkohl fast weich ist. Dabei ab und zu umrühren.

Zucchini und Erbsen untermischen, zugedeckt ca. 3 Minuten köcheln lassen. Sojacreme unterrühren. Curry kurz weiter köcheln lassen, mit Salz und Zitronensaft abschmecken.

Besonders gut und sehr attraktiv: Blumenkohl-Zucchini-Curry portionsweise mit einem Klacks cremigem Paprika-Cashew-Dip anrichten (siehe unten).

Pro Portion 148 kcal, 8 g F, 8 g E, 10 g KH, 0 mg Chol

# Paprika-Cashew-Dip
## Für ca. 150 Gramm

### Zutaten
- 1 rote Paprikaschote
- 30 g Cashewnüsse, grob gehackt
- 1–2 EL Zitronensaft
- ½ TL Koriander, zerstoßen
- Salz

Reichlich Salzwasser zum Kochen bringen. Die ganze Paprikaschote darin in ca. 15 Minuten zugedeckt weich köcheln lassen. Paprika etwas abkühlen lassen, Stielansatz, Kerne und Trennwände entfernen. Fruchtfleisch in Stücke schneiden.

Mit dem Mixstab Paprika, Cashewnüsse, Zitronensaft und Koriander zu einer glatten Soße pürieren. Paprika-Cashew-Dip mit Salz abschmecken.

Pro Esslöffel 20 kcal, 1 g F, 1 g E, 1 g KH, 0 mg Chol

# Cremige Champignons im eigenen Saft
## Für 2 Portionen

Zutaten
- 400 g kleine Champignons
- ½ Zwiebel, fein gehackt
- 2 Knoblauchzehen, gehackt
- 4 EL Petersilie, fein gehackt
- 2 EL Zitronensaft
- 1 Stück Bio-Zitronenschale (3 x 2 cm)
- 1 TL Olivenöl
- ½ TL Thymian, getrocknet
- 3 EL Sojacreme
- Salz
- Pfeffer

Backofen auf 180 °C (Umluft 160 °C, Gas Stufe 3–4) vorheizen. Kleine Champignons ganz lassen, größere halbieren. In einer ofenfesten Form oder in einem flachen, ofenfesten Topf die Champignons mit Zwiebel, Knoblauch, 2 EL Petersilie, Zitronensaft und -schale, Olivenöl und Thymian vermischen. Mit Salz und Pfeffer würzen.

Form oder Topf gut verschließen. Champignons im vorgeheizten Ofen 25 Minuten garen. Dabei bildet sich reichlich würziger Pilzsaft.

Sojacreme und 3 EL Pilzsaft glatt rühren, mit den Pilzen vermischen. Champignons mit Salz, Pfeffer und Zitronensaft abschmecken, mit der restlichen Petersilie bestreuen. Dazu schmeckt das knusprige Kartoffel-Karotten-Sellerie-Rösti (siehe unten).

Pro Portion 112 kcal, 6 g F, 7 g E, 7 g KH, 0 mg Chol

# Kartoffel-Karotten-Sellerie-Rösti
## Für 2 Portionen

Zutaten
- 250 g festkochende Kartoffeln, grob geraspelt
- 100 g Karotten, grob geraspelt
- 50 g Sellerieknolle, grob geraspelt
- ½ TL Koriander, zerstoßen
- Muskatnuss, frisch gerieben
- Salz
- Pfeffer
- 1 EL Olivenöl

Kartoffeln, Karotten und Sellerie gut vermischen, mit Koriander, Muskat, Salz und Pfeffer würzen.

Öl in einer großen, beschichteten Pfanne erhitzen. Kartoffel-Gemüse-Mischung darin verteilen, glatt streichen, leicht andrücken und zugedeckt bei milder Hitze 10 Minuten braten.

Rösti umdrehen. Das klappt am einfachsten, wenn Sie das Rösti mit einer Spachtel in 4 große Tortenstücke teilen und jedes einzelne umdrehen. Rösti zugedeckt noch 7–10 Minuten braten.

Pro Portion 132 kcal, 5 g F, 3 g E, 18 g KH, 0 mg Chol

## Blumenkohl in aromatischer Tomatensosse
### Für 2 Portionen

### Zutaten
- 1 EL Öl
- 1 kleine Zwiebel, fein gehackt
- 2 Knoblauchzehen, fein gehackt
- 1 TL Cumin, zerstoßen
- 1 TL Koriander, zerstoßen
- Muskatnuss, frisch gerieben
- 400 g Blumenkohl (Karfiol), kleine Röschen
- Salz
- 200 ml Gemüsebrühe (Gemüsesuppe)
- 1 TL Rosinen, fein gehackt
- 300 g geschälte Tomaten, Stücke (Dose)
- Pfeffer
- 3 EL frische Kräuter (Petersilie, Basilikum, Minze), fein gehackt

Öl in einem beschichteten Topf erhitzen, Zwiebel darin bei milder Hitze weich dünsten. Knoblauch, Cumin, Koriander und Muskat dazugeben, unter Rühren kurz anrösten.

Blumenkohl untermischen, leicht salzen, unter Rühren kurz anbraten, Gemüsebrühe und Rosinen dazugeben. Blumenkohl zugedeckt in ca. 8 Minuten bissfest dünsten.

Tomaten unterrühren. Blumenkohl im geöffneten Topf noch ca. 8 Minuten weiter köcheln lassen. Die Soße soll etwas einkochen. Blumenkohl mit Salz und Pfeffer abschmecken, mit den Kräutern bestreuen.

Hervorragend schmeckt dazu das Petersilien-Kartoffel-Püree (siehe unten).

Pro Portion 148 kcal, 6 g F, 8 g E, 15 g KH, 0 mg Chol

## Petersilien-Kartoffel-Püree (so gut!)
### Für 2 Portionen

### Zutaten
- 300 ml Gemüsebrühe (Gemüsesuppe)
- 400 g mehlige Kartoffeln, kleine Stücke
- Muskatnuss, frisch gerieben
- 50 g Petersilie, fein gehackt
- 1 TL Olivenöl
- Salz

Gemüsebrühe und Kartoffeln zum Kochen bringen, mit Muskat würzen. Kartoffeln zugedeckt in ca. 12 Minuten weich köcheln lassen, in ein Sieb abgießen, Kochflüssigkeit auffangen. 80 ml Flüssigkeit abmessen (Restliche für eine Suppe verwenden.)

Petersilie, Olivenöl und 80 ml Kochflüssigkeit im Cutter oder mit dem Mixstab zu einer glatten Creme pürieren.

Kartoffeln mit dem Kartoffelstampfer fein zerdrücken, Petersiliencreme untermischen. Püree mit Salz und Pfeffer abschmecken.

Pro Portion 178 kcal, 3 g F, 5 g E, 32 g KH, 0 mg Chol

# Schwarzwurzeln mit Orangensosse aus dem Päckchen

Für 2 Portionen

### Für das Gemüse
- 3 EL Zitronensaft
- 1 EL Mehl
- 1 l kaltes Wasser
- 500 g Schwarzwurzeln
- Salz
- Backpapier
- Bindfaden

### Für die Soße
- 1 EL Öl
- ½ Zwiebel, fein gehackt
- 1 TL Koriander, zerstoßen
- ¼ TL Zimtpulver
- Muskatnuss, frisch gerieben
- 200 ml Orangensaft, frisch gepresst
- 1 EL Zitronensaft
- abgeriebene Schale von ½ Bio-Orange oder Bio-Zitrone
- Salz
- Chilipulver

### Für die Garnitur
- ½ EL Öl
- 6 Bio-Orangenscheiben, dünn

Zitronensaft, Mehl und Wasser verrühren. Schwarzwurzeln gut abbürsten, Enden etwas abschneiden. Schwarzwurzeln mit dem Spargelschäler gut schälen, längs halbieren (dicke Schwarzwurzeln längs vierteln). Schwarzwurzeln in ca. 20 cm lange Stücke schneiden, sofort ins Zitronen-Mehlwasser legen. Erst unmittelbar vor dem Kochen aus der Flüssigkeit nehmen.

Backofen auf 180 °C (Umluft 160 °C, Gas Stufe 3–4) vorheizen. Reichlich Salzwasser zum Kochen bringen. Schwarzwurzeln darin in 7–10 Minuten bissfest garen, abgießen, abtropfen lassen.

Währenddessen das Öl in einem kleinen, beschichteten Topf erhitzen. Zwiebel darin glasig dünsten. Koriander, Zimt und Muskat dazugeben, unter Rühren kurz anrösten. Mit Orangen- und Zitronensaft aufgießen, mit Orangenschale, Salz und Chili würzen. Soße 5 Minuten köcheln lassen.

Jeweils ca. 8 Schwarzwurzeln nebeneinander in die Mitte eines Bogens Backpapier (38 x 42 cm) legen, etwas Orangensoße darauf verteilen. Backpapier über den Schwarzwurzeln längs zusammenfalten und die Enden zusammenfassen. Backpapier wie ein großes Bonbon mit Bindfaden zusammenbinden.

Schwarzwurzelpäckchen im vorgeheizten Ofen (mittlere Schiene) 25–30 Minuten garen.

Für die Garnitur Öl in einer beschichteten Pfanne erhitzen. Orangenscheiben darin auf beiden Seiten kurz anbraten und die Schwarzwurzeln damit garnieren.

Pro Portion 135 kcal, 6 g F, 4 g E, 14 g KH, 0 mg Chol

### Im Frühling – Spargel aus dem Päckchen
In der Spargelsaison dieses Rezept einfach mit bissfest gekochtem weißem Spargel zubereiten. Schmeckt köstlich!

# Grüne Bohnen in Sesam-Miso-Sosse
## Für 2 Portionen

### Zutaten
- 1 EL Öl
- 1 Zwiebel, fein gehackt
- 200 ml schwach gesalzene Gemüsebrühe (Gemüsesuppe)
- 400 g grüne Bohnen (Fisolen), längs halbiert, Stücke
- 1 TL frischer Ingwer, fein gehackt
- 3 EL Miso (Shiro- oder Genmai-Miso)
- 3 EL Wasser
- 1 TL Apfelessig
- 1 EL ungeschälter Sesam, geröstet (S. 41), grob zerstoßen

Öl in einem beschichteten Topf erhitzen. Zwiebel darin zuerst bei milder Hitze weich dünsten, dann unter Rühren kurz braten.

Mit Gemüsebrühe aufgießen. Gemüsebrühe zum Kochen bringen, grüne Bohnen und Ingwer dazugeben. Zugedeckt ca. 10 Minuten köcheln lassen, die Bohnen sollen bissfest sein.

Miso mit kaltem Wasser und Apfelessig glatt rühren. Miso unter die Bohnen mischen. Gemüse einen Moment köcheln lassen. Sesam unterrühren.

Zu den grünen Bohnen in Sesam-Miso-Soße schmecken auch die gratinierten Kartoffelscheiben (S. 94).

Pro Portion 141 kcal, 9 g F, 7 g E, 8 g KH, 0 mg Chol

# Gegrillte Tomatenscheiben
## Für 2 Portionen

### Zutaten
- 400 g große Fleischtomaten, dünne Scheiben
- 2 Knoblauchzehen, fein gehackt
- ½ TL Oregano, getrocknet
- 1 EL Olivenöl
- Salz
- Pfeffer

Tomatenscheiben nebeneinander auf ein Backblech legen, mit Knoblauch und Oregano bestreuen, dünn mit Olivenöl bepinseln.

Backofengrill auf die höchste Stufe aufheizen. Tomaten darunter ca. 5 Minuten grillen, aus dem Ofen nehmen, mit Salz und Pfeffer würzen.

Pro Portion 82 kcal, 5 g F, 2 g E, 6 g KH, 0 mg Chol

# Herzhaftes Kartoffel-Gröstl mit Pfifferlingen
## Für 2 Portionen

### Zutaten
- 2 EL Olivenöl
- 1 Zwiebel, feine Ringe
- 2 Knoblauchzehen, dünne Scheiben
- 1 EL Sojasoße
- 500 g gekochte Kartoffeln, dünne Scheiben
- Muskatnuss, frisch gerieben
- Salz
- 300 g Pfifferlinge (Champignons, Seitlinge, Steinpilze), kleine Stücke
- Salz
- Pfeffer
- ¼ TL Thymian, getrocknet
- 2 EL Petersilie, fein gehackt

½ EL Olivenöl in einer großen, beschichteten Pfanne erhitzen. Zwiebel darin bei milder Hitze weich und glasig dünsten, Knoblauch dazugeben, kurz anbraten, mit Sojasoße ablöschen, unter Rühren braten, bis die Flüssigkeit verdampft ist. Zwiebelringe aus der Pfanne nehmen, Pfanne ausspülen und abtrocknen.

1 EL Olivenöl in der Pfanne erhitzen. Kartoffeln darin bei milder Hitze braten, leicht salzen, mit Muskat würzen, dabei immer wieder umrühren, die Kartoffeln sollen stellenweise schön goldbraun werden.

Damit dieses einfache Gericht perfekt gelingt, in einer zweiten Pfanne ½ EL Öl erhitzen, die Pilze darin unter Rühren braten, mit Salz, Pfeffer und Thymian würzen. So lange unter Rühren braten, bis der Pilzsaft verdampft ist.

Zwiebeln und Pilze mit den Kartoffeln vermischen und alles unter Rühren kurz erhitzen. Pilz-Kartoffel-Gröstl mit Petersilie bestreuen.

Pro Portion 325 kcal, 11 g F, 11 g E, 44 g KH, 0 mg Chol

### Dazu schmeckt eine grosse Schüssel Salat
Beim Probekochen habe ich dazu einen bunt gemischten Salat mit pikantem Senf-Dressing (S. 36) zubereitet.

Gemüse

# Buntes Gemüse aus dem Schmortopf
## Für 2 Portionen

Zutaten
- 300 g junge Karotten
- 1 EL Olivenöl
- 1 Zwiebel, fein gehackt
- ½ TL Fenchelsamen, zerstoßen
- 4 Zweigchen Thymian
- Muskatnuss, frisch gerieben
- 1 Lorbeerblatt
- 300 g Bleichsellerie, Streifen
- Salz
- 100–200 ml Gemüsebrühe (Gemüsesuppe)
- 200 g Lauch, dicke Scheiben
- 2 Tomaten, dünne Scheiben
- Pfeffer

Kleine Karotten längs halbieren. Größere Karotten längs vierteln und in große Stücke schneiden.

Öl in einem beschichteten Topf erhitzen. Zwiebel darin bei milder Hitze weich dünsten. Fenchel, Thymian, Muskat und Lorbeer dazugeben, unter Rühren kurz anrösten.

Karotten und Bleichsellerie dazugeben, unter Rühren anbraten, leicht salzen, zugedeckt bei milder Hitze ca. 8 Minuten im eigenen Saft schmoren. Wenn notwendig, 3–4 EL Gemüsebrühe dazugeben. Lauch untermischen, ca. 3 Minuten zugedeckt schmoren.

Tomaten in die Pfanne geben, leicht salzen und alles noch ca. 3 Minuten schmoren lassen. Gemüse mit Salz und Pfeffer abschmecken. Am besten die Kartoffel-Knoblauch-Mayonnaise (siehe unten) dazu servieren.

Pro Portion 161 kcal, 6 g F, 6 g E, 19 g KH, 0 mg Chol

### Nacheinander in den Topf und mit wenig Flüssigkeit schmoren!
Entscheidend für den Erfolg: zuerst harte Gemüsesorten schmoren, dann erst alle anderen. Nur wenig Gemüsebrühe dazugeben, das Gemüse soll hauptsächlich im eigenen Saft schmoren.

# Knoblauch-Kartoffel-Mayonnaise
## Für 2 Portionen

Zutaten
- 200 g gekochte Kartoffeln, fein geraspelt
- 2 Knoblauchzehen, fein gehackt
- 2 EL Zitronensaft
- 1 TL Bio-Zitronenschale, gehackt
- 1 TL Olivenöl
- 3–5 EL kalte Gemüsebrühe (Gemüsesuppe)
- Muskatnuss, frisch gerieben
- Salz, Pfeffer

Kartoffeln, Knoblauch, Zitronensaft, Zitronenschale, Olivenöl und Gemüsebrühe zu einer glatten, kalten Soße verrühren. Knoblauch-Kartoffel-Majo mit Muskat, Salz, Pfeffer und Zitronensaft abschmecken.

Pro Portion 132 kcal, 5 g F, 2 g E, 18 g KH, 0 mg Chol

GEMÜSE

So schmeckt's am Mittelmeer

# Gegrillte Paprika mit Provence-Kräutern
## Für 2 Portionen

### Zutaten
- 4 große rote Paprikaschoten
- 1 EL Olivenöl
- 2 Knoblauchzehen, dünne Scheiben
- Salz
- 1 TL Zitronensaft
- 4 EL frische Kräuter (Basilikum, Thymian, Oregano, Rosmarin)

Backofen auf 200 °C (Umluft 180 °C, Gas Stufe 4–5) vorheizen. Ganze Paprikaschoten auf den Rost (mittlere Schiene) legen, ca. 20 Minuten braten, bis die Haut Blasen wirft und sich stellenweise braun verfärbt.

Paprika zugedeckt in einer Schüssel abkühlen lassen. Über einer Schüssel anstechen, den herabtropfenden Saft auffangen, Stielansatz und Kerne entfernen, Haut abziehen. Paprika in feine Streifen schneiden.

Öl in einer beschichteten Pfanne erhitzen. Knoblauch darin kurz unter Rühren anrösten. Paprikastreifen und Saft dazugeben, kurz erhitzen. Mit Salz und Zitronensaft abschmecken, Kräuter untermischen. Dazu schmecken die gratinierten Kartoffelscheiben (siehe unten).

Pro Portion 119 kcal, 6 g F, 4 g E, 11 g KH, 0 mg Chol

# Gratinierte Kartoffelscheiben
## Für 2 Portionen

### Zutaten
- 1 EL Olivenöl
- 400 g festkochende Kartoffeln, 1 cm dicke Scheiben
- Salz
- 200–300 ml heiße Gemüsebrühe (Gemüsesuppe)
- 1 TL Thymian, getrocknet

Ofen auf 200 °C (180 °C Umluft, Gas Stufe 4–5) vorheizen.

Öl in einer großen, beschichteten Pfanne erhitzen, Kartoffelscheiben darin auf beiden Seiten anbraten, leicht salzen.

Kartoffelscheiben nebeneinander in eine flache, beschichtete Form oder auf ein kleines Backblech legen.

Gerade so viel heiße Gemüsebrühe in die Form gießen, dass sie bis zum oberen Rand der Kartoffelscheiben reicht. Kartoffeln mit Thymian bestreuen. Im vorgeheizten Ofen ca. 25 Minuten braten. Die Kartoffeln sollen weich und die Flüssigkeit soll ganz verdampft sein.

Pro Portion 186 kcal, 5 g F, 4 g E, 30 g KH, 0 mg Chol

## China lässt grüssen

# Gebratene Auberginen mit Sesam und fünf Gewürzen
### Für 2 Portionen

### Zutaten
- 2 Auberginen (Melanzani) à ca. 400 g
- 1 EL Öl
- 1 Zwiebel, fein gehackt
- 4 Knoblauchzehen, fein gehackt
- 2 TL frischer Ingwer, fein gehackt
- ½ TL Fünfgewürzpulver (Fenchel, Anis, Zimt, Pfeffer, Nelke)
- 1 EL ungeschälter Sesam, geröstet (S. 41)
- 2–3 EL Sojasoße
- 3 EL frischer Koriander oder Petersilie, gehackt

Backofen auf 200 °C (Umluft 180 °C, Gas Stufe 4–5) vorheizen. Stielansätze der Auberginen abschneiden. Auberginen rundum mit der Gabel ca. 10-mal einstechen. Auberginen im vorgeheizten Ofen auf dem Rost (mittlere Schiene) 40–50 Minuten braten. Die Haut verfärbt sich dabei schwarz-braun. Die Auberginen sollen ganz weich sein.

Auberginen etwas abkühlen lassen, längs halbieren. Sollte sich im Inneren der Auberginen Flüssigkeit angesammelt haben, diese wegschütten.

Auberginen längs vierteln. Fruchtfleisch mit einem Esslöffel aus der Schale heben, in feine Streifen schneiden.

Öl in einem beschichteten Wok oder einer Pfanne erhitzen. Zwiebel darin unter Rühren goldbraun rösten. Knoblauch, Ingwer und Fünfgewürzpulver dazugeben, alles kurz unter Rühren anrösten.

Auberginen und Sesam untermischen, unter Rühren braten, mit Sojasoße würzen.

Auberginen mit Koriander bestreuen.

Pro Portion 141 kcal, 8 g F, 6 g E, 11 g KH, 0 mg Chol

### Braucht etwas Zeit, macht aber wenig Arbeit
Ein sehr einfaches Rezept, das sich auch zum Mitnehmen und Aufwärmen eignet. Sie müssen bei Ihrer Planung aber die ca. 40-minütige Garzeit der Auberginen im Backofen berücksichtigen.

# Kohlrabi, Sprossen und Tofu aus dem Wok in pikanter Sosse
## Für 2 Portionen

### Für die Soße
- 3 EL Sojasoße
- 4 EL naturtrüber Apfelsaft
- 1 TL Tomatenmark
- 1 Knoblauchzehe, fein gehackt
- ½ TL frischer Ingwer, gehackt
- Chilipulver
- 70 ml kalte Gemüsebrühe (Gemüsesuppe)
- ½ gestrichener TL Kartoffelstärke

### Für das Tofu-Gemüse
- 100 g Tofu, kleine Würfel
- 1 EL Öl
- 1 EL Cashewnüsse, halbiert
- 200 g Kohlrabi, feine Stifte
- 200 g Zucchini, kleine Stücke
- 4 Frühlingszwiebeln (Jungzwiebeln), längs halbiert, große Stücke
- 50 g Mungsprossen (Sojasprossen)

Sojasoße, Apfelsaft, Tomatenmark, Knoblauch, Ingwer und eine Prise Chili glatt rühren. Tofu mit der Soße vermischen, kurz durchziehen lassen.

Tofu in ein Sieb abgießen, abtropfen lassen. Soße auffangen, mit Gemüsebrühe und Kartoffelstärke glatt rühren.

½ EL Öl in einem Wok oder einer beschichteten Pfanne erhitzen. Tofu darin unter Rühren braten, bis die gesamte Flüssigkeit verdampft ist und der Tofu etwas knusprig wird. Tofu aus dem Wok nehmen. Wok ausspülen.

½ EL Öl im Wok erhitzen. Cashewnüsse darin kurz unter Rühren braten. Kohlrabi dazugeben, 2 Minuten unter Rühren braten. Zucchini und Frühlingszwiebeln dazugeben, 2 Minuten unter Rühren braten. Sprossen untermischen, einen Moment unter Rühren braten. Mit der Soßenmischung aufgießen, Tofu untermischen, unter Rühren erhitzen, bis die Soße bindet.

Pro Portion 219 kcal, 11 g F, 13 g E, 17 g KH, 0 mg Chol

### Unter Rühren braten im Wok – ein Essen in 10 Minuten
So wird das Kochen im Wok zum Erfolg: Sämtliche Zutaten – marinierter abgetropfter Tofu, klein geschnittene Gemüse und fertige Soßenmischung – stehen in Griffweite des Woks. Dann wird unter Rühren gebraten, am besten mit 2 Kochlöffeln. Ganz wichtig: Harte Gemüse mit längeren Garzeiten kommen zuerst in den Wok.

# Pasta, Getreide & Hülsenfrüchte

Pasta, Getreide & Hülsenfrüchte

# Vegan schlank bleiben

Spaghetti mit Paprika-Soße und Basilikum-Knoblauch-Zucchini (S. 117), Linsensalat mit Orangen, Karotten und Bleichsellerie (S. 108), Vollkornbaguette mit Avocado-Creme (S. 100): Rezepte mit Vollkorngetreide und Hülsenfrüchten machen den schlanken, veganen Essalltag komplett, bereichern ihn mit lebensnotwendigen Vitalstoffen, mit Eiweiß, das vom Organismus gut aufgenommen werden kann, und energieliefernden „guten", da komplexen, Kohlenhydraten. Diese enthalten kaum Fett und machen entgegen allen Vorurteilen nicht dick (mehr dazu auf S. 18), besonders dann, wenn, wie bei meinen Rezepten, mit wenig Öl gekocht wird.

Kulinarisch haben diese preisgünstigen Naturprodukte viel zu bieten, werden zum cremigen Dal, einer indischen Erbsensuppe mit Apfel und Kokos (S. 113), verarbeitet, erfreuen als schneller Snack, wie die Brötchen mit Kürbis-Knoblauch-Aufstrich (S. 100), oder kommen ganz gemütlich daher im würzigen Spinat-Pilz-Risotto (S. 122).

Schnell zubereitet sind pfiffige Getreidebeilagen. Couscous (diesen gibt es in Bio-Geschäften auch in der Vollkornversion) wird mit saftigen, rot glänzenden Granatapfelkernen, fein gehackter Zitronenschale und Minze vermischt, Bulgur in einer würzigen Tomatensoße körnig gesimmert. Dank dieser Unterstützung qualifizieren sich einfach gekochte Gemüsegerichte zu Festessen, die auch im Alltag schmecken.

Kokoswürziger Curry-Reis-Salat mit Ananas und Mango (S. 106), Quinoa-Kräuter-Salat mit Gurken und Paprika (S. 107) oder Bohnensalat mit gegrillten Paprikas (S. 107): Für ein kaltes Buffet, ein Picknick oder zum Mitnehmen ins Büro sind Salate mit Getreide und Hülsenfrüchten prädestiniert, sie schmecken noch besser, wenn sie etwas durchziehen.

Zur schlanken, veganen Küche gehört ein gut gefülltes Gewürzregal. Würzen macht keine Arbeit, und Gewürze haben praktisch keine Kalorien, schicken uns jedoch auf eine kulinarische Reise um die Welt. Erbsensuppe mit Kreuzkümmel, Koriander, Bockshornklee und Kurkuma aromatisieren – und wir sind in Indien. Muskat und Thymian im Risotto bringen uns Italien näher und die klassischen 5 Gewürze mit Zimt, Fenchelsamen, schwarzem Pfeffer, Sternanis und Nelken beamen unsere Geschmacksnerven ins ferne China. Um den Genuss zu erhöhen, kaufen Sie die ganzen Gewürze und zerstoßen Sie sie erst kurz vor dem Kochen im Mörser.

Pasta, Getreide & Hülsenfrüchte

# Avocadocreme mit Basilikum und Minze (Foto)
## Für ca. 200 Gramm

### Zutaten
- 1 weiche Avocado
- ½ Bund Basilikum, fein gehackt
- 1 TL frische Minze, gehackt
- 1 Knoblauchzehe, gehackt
- ½ TL Bio-Zitronenschale, fein gehackt
- 2–3 EL Zitronensaft
- Salz
- Pfeffer

Avocado halbieren, Kern entfernen, Fruchtfleisch aus der Schale heben, in kleine Stücke schneiden.

Im Cutter oder mit dem Mixstab Avocado, Basilikum, Minze, Knoblauch, Zitronenschale und -saft zu einer glatten Creme verarbeiten. Avocadocreme mit Salz, Pfeffer und Zitronensaft abschmecken.

Pro Esslöffel 12 kcal, 1 g F, 1 g E, 1 g KH, 0 mg Chol

### Schneller Snack – Crostini mit Avocadocreme
Brotscheiben knusprig toasten, mit der Avocadocreme bestreichen, mit Radieschenscheiben und Kresse garnieren.

*Strahlend orange!*

# Kürbis-Knoblauch-Aufstrich
## Für ca. 300 Gramm

### Zutaten
- 400 g Hokkaido-Kürbis, ungeschält, kleine Würfel
- 2 EL Olivenöl
- 1 Knoblauchknolle
- 1 EL Zitronensaft
- 1 TL Bio-Zitronenschale, fein gehackt
- Salz
- Pfeffer

Backofen auf 180 °C (Umluft 160 °C, Gas Stufe 3–4) vorheizen.

Kürbis mit ½ EL Olivenöl vermischen, in einer flachen Form verteilen. Knoblauch quer halbieren. Schnittflächen mit 1 TL Olivenöl bestreichen. Knoblauch (Schnittflächen nach oben) in die Form setzen. Kürbis und Knoblauch im vorgeheizten Backofen ca. 20 Minuten weich garen. (Braucht der Knoblauch etwas länger, um weich zu werden, den Kürbis zuerst aus dem Ofen nehmen.)

Kürbis mit der Gabel fein zerdrücken. Knoblauch aus der Schale lösen, mit der Gabel fein zerdrücken. Kürbis, Knoblauch, restliches Olivenöl, Zitronensaft und -schale vermischen. Aufstrich mit Salz und Pfeffer abschmecken.

Pro Esslöffel 20 kcal, 1 g F, 1 g E, 2 g KH, 0 mg Chol

Pasta, Getreide & Hülsenfrüchte

# Brokkoli-Kartoffel-Aufstrich mit Kapern
## Für ca. 400 Gramm

### Zutaten
- 150 g gekochte Kartoffeln, fein geraspelt
- 2 EL Sojacreme (Hafer- oder Reiscreme)
- 2 Frühlingszwiebeln (Jungzwiebeln), feine Ringe
- 1 EL Kapern, gehackt
- 1 TL Zitronensaft
- 1 Knoblauchzehe, fein gehackt
- 2 EL Petersilie, fein gehackt
- 200 g Brokkoli, kleine Röschen
- Salz, Pfeffer

Kartoffeln und Sojacreme glatt rühren. Frühlingszwiebeln, Kapern, Zitronensaft, Knoblauch und Petersilie unterrühren. Kartoffelcreme mit Salz und Pfeffer abschmecken.

Brokkoli zugedeckt in einem Siebeinsatz über Wasserdampf in ca. 5 Minuten bissfest garen. Brokkoli fein hacken, mit der Kartoffelcreme vermischen. Aufstrich mit Salz und Pfeffer abschmecken.

Pro Esslöffel 18 kcal, 0,5 g F, 1 g E, 3 g KH, 0 mg Chol

*Deftig-kräftig!*

# Bohnenaufstrich mit Meerrettich
## Für ca. 250 Gramm

### Zutaten
- 200 g gekochte Käferbohnen oder Kidney Bohnen (Dose, abgetropft)
- 2 EL Öl
- 1½ EL Meerrettich (Glas)
- Essiggurke, fein gehackt
- 2 EL Zwiebeln, fein gehackt
- Salz

Bohnen mit der Gabel fein zerdrücken, mit Öl und Meerrettich glatt rühren. Essiggurken und Zwiebeln untermischen. Aufstrich mit Salz abschmecken.

Pro Esslöffel 21 kcal, 1 g F, 1 g E, 2 g KH, 0 mg Chol

Pasta, Getreide & Hülsenfrüchte

# Sauerkraut-Wraps mit Paprika-Seitan
## Für 4 Wraps

### Für den Seitan
- 2 EL Tomatenmark
- 1 EL Sojasoße
- 2 EL Öl
- ½ TL Paprikapulver, edelsüß
- 2 Knoblauchzehen, fein gehackt
- 150 g Seitan, feine Streifen
- Salz

### Für die Wraps
- 150 g Karotten, grob geraspelt
- 2 Frühlingszwiebeln (Jungzwiebeln), feine Ringe
- 6 Blätter Endiviensalat, feine Streifen
- 150 g Sauerkraut, zerpflückt
- 4 große Wrap-Tortillas

Tomatenmark, Sojasoße, 1 EL Öl, Paprikapulver und Knoblauch glatt rühren. Seitan mit der Marinade vermischen, kalt stellen, 1 Stunde durchziehen lassen.

Karotten, Frühlingszwiebeln, Endiviensalat und Sauerkraut vermischen.

1 EL Öl in einer beschichteten oder gusseisernen Pfanne erhitzen. Marinierten Seitan darin unter Rühren braten, mit Salz würzen.

In die Mitte jeder Wrap-Tortilla etwas von der Sauerkraut-Salat-Mischung geben, darauf die Seitan-Streifen legen. Tortillas auf einer Seite einschlagen und aufrollen.

Damit man sie aus der Hand essen kann, die eingeschlagene Seite des Wraps fest mit einer Serviette umwickeln. Zum Sauerkraut-Wrap schmeckt der blitzschnell zubereitete rosa Dip (siehe unten).

Pro Wrap 329 kcal, 6 g F, 33 g E, 33 g KH, 0 mg Chol

### Variante mit Räucheraroma
Statt Seitan kann man einfach geräucherten Tofu mit der würzigen Soße marinieren.

# Rosa Dip
## Für ca. 180 Gramm

### Zutaten
- 100 g passierte Tomaten (Tetra-Pak)
- 50 g Soja- oder Hafercreme
- 1 EL Zitronensaft
- 1 TL Rosinen, fein gehackt
- Salz
- Chilipulver

Passierte Tomaten, Sojacreme, Zitronensaft und Rosinen verrühren. Dip mit Salz und Chili abschmecken

Pro Esslöffel 10 kcal, 1 g F, 0,5 g E, 1 g KH, 0 mg Chol

# Wrap mit Spicy-Tofu und Raspelgemüse
## Für 4 Wraps

### Zutaten
- 2 EL Öl
- 2 Knoblauchzehen, fein gehackt
- 200 g Tofu, kleine Würfel
- ½ TL Currypulver
- 2 EL Sojasoße
- 4 große Wrap-Tortillas
- 8 Salatblätter, feine Streifen
- 100 g Karotten, grob geraspelt
- 100 g Zucchini, grob geraspelt
- 2 Frühlingszwiebeln (Jungzwiebeln), feine Ringe
- 4 EL Salsa picante (siehe unten)

Öl in einer beschichteten Pfanne erhitzen, Knoblauch und Tofu darin unter Rühren kurz anbraten, Curry untermischen, kurz anrösten. Sojasoße untermischen, unter Rühren braten, bis die gesamte Flüssigkeit verdampft ist.

In der Mitte der Tortillas etwas Salat, Karotten, Zucchini, Frühlingszwiebeln, Tofu und wenig Salsa geben. Tortillas seitlich einschlagen, aufrollen, mit Zahnstochern zusammenstecken und halbieren. Restliche Salsa dazu reichen.

Pro Wrap 237 kcal, 9 g F, 11 g E, 29 g KH, 0 mg Chol

# Salsa picante
## Für ca. 300 Gramm

### Zutaten
- 250 g Tomaten, sehr kleine Würfel
- ¼ Zwiebel, fein gehackt
- 1 Knoblauchzehe, fein gehackt
- Chilipulver
- ½ TL Oregano, getrocknet
- Salz

Tomaten, Zwiebel, Knoblauch und 1 Prise Chili vermischen. Salsa mit Oregano und Salz würzen, etwas durchziehen lassen.

Pro Esslöffel 4 kcal, 0 g F, 0,5 g E, 1 g KH, 0 mg Chol

Pasta, Getreide & Hülsenfrüchte

# Kokoswürziger Curry-Reis-Salat mit Ananas und Mango
## Für 4 Portionen

### Für den Salat
- 300 ml Gemüsebrühe (Gemüsesuppe)
- 200 ml Kokosmilch
- 1 TL Currypulver
- 1 TL frischer Ingwer, fein gehackt
- Salz
- 200 g Rundkorn-Naturreis
- 2 Datteln, kleine Würfel
- 1 Karotte, grob geraspelt
- 3 Frühlingszwiebeln (Jungzwiebeln), feine Ringe
- 200 g frische Ananas, kleine Stücke
- 1 Mango, kleine Stücke
- 2 EL frischer Koriander, gehackt

### Für das Dressing
- Saft von 2 Orangen
- Saft von 1 Zitrone
- 1½ EL Sojasoße
- 1 TL Bio-Zitronenschale, fein gehackt
- Chilipulver

Gemüsebrühe und Kokosmilch mit Curry, Ingwer und wenig Salz zum Kochen bringen. Reis untermischen, bei milder Hitze zugedeckt in ca. 40 Minuten weich köcheln lassen, bei Bedarf noch etwas Gemüsebrühe dazugeben. Den fertigen Reis vom Herd nehmen, zugedeckt 10 Minuten nachquellen lassen.

Für das Dressing Orangen-, Zitronensaft, Sojasoße, Zitronenschale und 1 Prise Chili verrühren. Den warmen Reis mit dem Dressing vermischen und etwas durchziehen lassen.

Datteln, Karotte, Frühlingszwiebeln, Ananas und Mango untermischen. Salat mit Salz, Chili und Zitronensaft abschmecken, mit Koriander bestreut servieren.

Dieser Salat lässt sich gut vorbereiten, er ist ideal zum Mitnehmen ins Büro, ziert jedes kalte Buffet und schmeckt auch beim Picknick.

Pro Portion 276 kcal, 1 g F, 6 g E, 58 g KH, 0 mg Chol

## Inspiration aus der Karibik
Zu diesem Salatrezept hat mich die karibische Küche mit ihren fantasievollen Gemüse- und Fruchtmischungen inspiriert, Fusionküche, die auf den karibischen Inseln eine lange Tradition hat. Der Salat kann noch mit kräuterwürzigen Curry-Tofu-Würfelchen (S. 43) um eine würzige Komponente erweitert werden.

# Quinoa-Kräuter-Salat mit Gurken und Tomaten
## Für 4 Portionen

### Zutaten
- 150 g Quinoa
- Salz
- 3–4 EL Zitronensaft
- 1 TL Bio-Zitronenschale, fein gehackt
- 2 EL Olivenöl
- 400 g Gurken, sehr kleine Würfel
- 2 Tomaten, kleine Würfel
- 2 Knoblauchzehen, fein gehackt
- 2 Frühlingszwiebeln (Jungzwiebeln), feine Ringe
- 1 Bund Petersilie, fein gehackt
- 2 EL frische Minze, fein gehackt

Quinoa in 350 ml kochendes Salzwasser einrühren, zugedeckt 20 Minuten köcheln lassen. Quinoa vom Herd nehmen, 5 Minuten zugedeckt quellen lassen, in eine Schüssel geben, noch heiß mit Zitronensaft, Zitronenschale und Olivenöl vermischen und abkühlen lassen.

Quinoa mit Gurken, Tomaten, Knoblauch, Frühlingszwiebeln, Petersilie und Minze vermischen, mit Salz, Pfeffer und Zitronensaft abschmecken. Salat etwas durchziehen lassen.

Pro Portion 228 kcal, 8 g F, 7 g E, 32 g KH, 0 mg Chol

# Bohnensalat mit gegrillten Paprikas
## Für 4 Portionen

### Zutaten
- 400 g gekochte weiße Bohnen (Dose, abgetropft)
- 1 kleine Zwiebel, fein gehackt
- 1 Knoblauchzehe, fein gehackt
- 2 EL Apfelessig
- 2 EL Zitronensaft
- 2 EL Olivenöl
- Pfeffer
- Salz
- 3 rote Paprikaschoten
- 2 TL Minze, fein gehackt

Bohnen mit Zwiebel, Knoblauch, Essig, Zitronensaft, Olivenöl, Salz und Pfeffer vermischen, etwas durchziehen lassen.

Backofen auf 200 °C (Umluft 180 °C, Gas Stufe 4–5) vorheizen. Ganze Paprikaschoten auf dem Rost im vorgeheizten Ofen 20 Minuten garen, bis die Haut Blasen wirft und sich stellenweise dunkelbraun verfärbt. Paprikas zugedeckt in einer Schüssel abkühlen lassen, über einer Schüssel anstechen, herabtropfenden Saft auffangen, mit den Bohnen vermischen.

Stielansatz und Kerne der Paprikas entfernen, Haut abziehen, die Schoten in Streifen schneiden, mit dem Bohnensalat und Minze vermischen. Salat mit Salz, Pfeffer und Zitronensaft abschmecken.

Pro Portion 166 kcal, 6 g F, 7 g E, 20 g KH, 0 mg Chol

Pasta, Getreide & Hülsenfrüchte

# Linsensalat mit Orangen, Karotten und Bleichsellerie
## Für 4 Portionen

### Für den Salat
- 200 kleine grüne Linsen
- Salz
- 4 EL weißer Balsamico-Essig
- 1 große Orange
- ½ rote Zwiebel, fein gehackt
- 1 große Karotte, kleine Würfel
- 2 kleine Stängel Bleichsellerie, feine Scheiben

### Für das Dressing
- 100 ml Orangensaft
- 3 EL Zitronensaft
- 2 getrocknete Aprikosen (Marillen), fein gehackt
- 2 EL Öl
- 2 TL Dijon-Senf
- 2 TL Bio-Orangenschale, fein gehackt

### Für die Garnitur
- 50 g gemischte Salatblättchen
- 4 EL Radieschen-Sprossen

Linsen in reichlich Wasser mit einer Prise Salz in 20–25 Minuten weich kochen. Die Linsen sollen nicht zerfallen. Linsen abgießen, abtropfen lassen, sofort mit dem Balsamico-Essig vermischen.

Orangenschale mit einem scharfen Messer abschneiden. Darauf achten, dass die weiße Haut ganz entfernt wird. Über einer Schüssel die Orangenspalten zwischen den Trennwänden herausschneiden, dabei den herabtropfenden Saft auffangen (kommt in das Dressing). Orangenspalten in kleine Stücke schneiden.

Für das Dressing den aufgefangenen Orangensaft, 100 ml Orangensaft, Zitronensaft, Aprikosen, Öl, Senf und Orangenschale gut verrühren. Dressing mit Salz abschmecken. Linsen mit Dressing und Zwiebel vermischen, etwas durchziehen lassen.

1 EL Öl erhitzen, Karotten darin kurz anbraten, leicht salzen.

Linsensalat mit Karotte, Orange und Bleichsellerie vermischen, mit Salz abschmecken. Portionsweise anrichten, mit Salatblättchen garnieren, mit Sprossen bestreuen.

Pro Portion 271 kcal, 6 g F, 13 g E, 39 g KH, 0 mg Chol

### Prima praktisch
Diesem Salat bekommt es, wenn er etwas länger durchzieht. Darum eignet er sich perfekt zum Mitnehmen ins Büro. Er kann aber auch eine Hauptrolle auf einem kalten Buffet spielen, denn er hat noch einen weiteren Vorteil, er ist auch in größeren Mengen produziert ziemlich preisgünstig.

Pasta, Getreide & Hülsenfrüchte

# Glasnudelsalat mit Spinat
## Für 2 Portionen

### Zutaten
- 120 g Glasnudeln (Vermicelli)
- Salz
- 1 EL Öl
- 2 EL Sojasoße
- 2 EL weißer Balsamicoessig
- 1 TL frischer Ingwer, fein gehackt
- Chilipulver
- ½ TL Sesam-Gewürzöl
- 200 g Spinat
- 1 Karotte, grob geraspelt
- 2 Frühlingszwiebeln, feine Ringe
- 2 EL frischer Koriander oder Petersilie, fein gehackt
- 1 EL geröstete Erdnüsse, gehackt

Nudeln mit der Schere in 10 cm lange Stücke schneiden. In reichlich warmem Wasser 5 Minuten einweichen, in einem Sieb abtropfen lassen. Nudeln im kochenden Salzwasser 1 Minute kochen, abgießen, kalt abschrecken, gut abtropfen lassen und das Öl untermischen.

Sojasoße, Essig, Ingwer, 1 Prise Chilipulver und Sesamgewürzöl mit den Nudeln vermischen. Nudelsalat 20 Minuten durchziehen lassen.

Spinat mit wenig Salz in einen großen Topf geben, zugedeckt bei milder Hitze zusammenfallen und in einem Sieb abtropfen lassen. Spinat in Stücke schneiden.

Nudeln mit Spinat, Karotte, Frühlingszwiebeln, Koriander und Erdnüssen vermischen, mit Essig, Salz und Chili abschmecken.

Pro Portion 318 kcal, 9g F, 6 g E, 51 g KH, 0 mg Chol

### Bringen Sie Abwechslung in die Salatschüssel!
Bestreuen Sie den Glasnudelsalat auch mit knusprigem Sesam-Seitan (siehe unten) oder geben Sie würzigen Sonnentomaten-Tofu (S. ••) darauf, am besten in kleine Würfel geschnitten.

# Knuspriger Sesam-Seitan
## Für 2 Portionen

### Zutaten
- 1 EL Sojasoße
- ½ TL Currypulver
- 2 EL naturtrüber Apfelsaft
- 1 TL Öl
- 50 g Seitan, dünne Streifen
- 1 TL ungeschälter Sesam, geröstet (S. 41)

Sojasoße, Curry und Apfelsaft vermischen. Öl in einer beschichteten Pfanne erhitzen, Seitan darin kurz anbraten, mit der Soßenmischung aufgießen, erhitzen, bis die Soße verdampft ist.

Seitan aus der Pfanne nehmen, im gerösteten Sesam wenden.

Pro Portion 137 kcal, 4 g F, 20 g E, 5 g KH, 0 mg Chol

# Asia-Nudeltopf mit Brokkoli und Sprossen
## Für 4 Portionen

### Zutaten
- 1 EL Öl
- 1 Zwiebel, feine Ringe
- 1,5 l Gemüsebrühe (Gemüsesuppe)
- 1 TL frischer Ingwer, fein gehackt
- 200 g Asia-Nudeln (Weizen- oder Reisnudeln)
- Salz
- 200 g Brokkoli, kleine Röschen
- 100 g Karotten, feine Scheiben
- 50 g Sellerie, feine Streifen
- 50 g Sojasprossen
- 1 TL Sojasoße
- 2 EL Frühlingszwiebeln (Jungzwiebeln), feine Ringe
- 2 EL Koriander oder Petersilie, fein gehackt

In einem beschichteten Topf das Öl erhitzen. Zwiebelringe darin zuerst bei milder Hitze langsam glasig und weich dünsten, dann unter Rühren anrösten. Mit Gemüsebrühe aufgießen, mit Ingwer würzen. Gemüsebrühe zum Kochen bringen und 10 Minuten zugedeckt köcheln lassen.

Nudeln in reichlich Salzwasser bissfest kochen, abgießen, abtropfen lassen, auf Portionsschüsseln verteilen.

Während die Nudeln kochen, Brokkoli, Karotten und Sellerie in die Suppe geben und 4 Minuten köcheln lassen. Sprossen untermischen und 1 Minute weiter köcheln lassen. Suppe mit Sojasoße abschmecken, auf die Portionsschüsseln verteilen, mit Frühlingszwiebeln und Koriander bestreuen.

Pro Portion 238 kcal, 4 g F, 10 g E, 41 g KH, 0 mg Chol

### Nudeltopf mit Pilzen
Abwechslungsreich kochen leicht gemacht: Einfach 200 g Champignons oder Shiitake-Pilze in Scheiben schneiden, in wenig Öl anbraten, leicht salzen und in den fertigen Nudel-Gemüse-Topf mischen.

# Aromatisches Dal von gelben Erbsen mit Apfel und Kokos
## Für 4 Portionen

### Zutaten
- 1 EL Öl
- 1 Zwiebel, fein gehackt
- 1–2 TL Currypulver
- 1,2 l Wasser
- 150 g gelbe Spalterbsen
- 1 saftiger, säuerlicher Apfel, kleine Stücke
- 25 g getrocknete Kokosflocken
- 2 TL frischer Ingwer, gehackt
- 1 Stück Bio-Zitronenschale (3 x 4 cm)
- 1–2 TL Instant-Gemüsebrühe (Gemüsesuppe)
- Salz
- Pfeffer
- 1–2 EL Limetten- oder Zitronensaft

### Für die Garnitur
- feine Apfelspalten
- 4 EL Petersilie, fein gehackt

Öl im Schnellkochtopf erhitzen. Zwiebel darin bei milder Hitze weich dünsten. Currypulver untermischen, alles unter Rühren kurz anrösten.

Mit 1 l Wasser aufgießen, Spalterbsen dazugeben. Schnellkochtopf verschließen und das Dal unter Druck 25 Minuten garen. (Im normalen Kochtopf ca. 50 Minuten zugedeckt köcheln lassen.)

Schnellkochtopf abkühlen lassen und öffnen. Äpfel, Kokosflocken, Ingwer, Zitronenschale und 200 ml Wasser dazugeben. Dal noch 20 Minuten köcheln lassen, dabei öfters umrühren. Wenn das Dal zu dick wird, etwas Wasser dazugeben. Erbsen und Äpfel sollen ganz zerfallen und die Suppe soll angenehm cremig sein.

Instant-Gemüsebrühe untermischen, Dal kurz köcheln lassen, mit Salz, Pfeffer und Limettensaft abschmecken, mit Petersilie und Apfelspalten garniert servieren.

Pro Portion 203 kcal, 7 g F, 10 g E, 23 g KH, 0 mg Chol

### Individuell würzen
Statt mit einer fertigen Currymischung können Sie das Dal, diese klassische indische Erbsensuppe, mit einer individuellen Currymischung würzen. Dafür ½ TL Cumin, ½ TL Koriander, ½ TL Fenchelsamen, ½ TL Bockshornklee und 3 Pimentkörner im Mörser zerstoßen. Die Gewürzmischung plus 1 Zimtstange und ½ TL Kurkuma kurz mit der Zwiebel anrösten.

Pasta, Getreide & Hülsenfrüchte

# Brokkoli-Spaghetti mit Pesto-Tofu
## Für 4 Portionen

### Für den Tofu
- 3 EL Zwiebeln, gehackt
- 120 ml Gemüsebrühe (Gemüsesuppe)
- 80 g Petersilie
- ½ Bund Basilikum, gehackt
- 2 Knoblauchzehen, gehackt
- 20 g Walnüsse oder Cashewnüsse, gehackt
- 2 EL Zitronensaft
- ½ EL Olivenöl
- 1 EL Sojasoße
- 200 g Tofu, kleine Würfel

### Für die Spaghetti
- 700 g Brokkoli, kleine Röschen
- 300 g Spaghetti
- Salz
- ½ EL Olivenöl
- 2 Knoblauchzehen, dünne Scheiben
- 1 TL Walnüsse oder Cashewnüsse, gehackt
- 1 EL Sojasoße
- Pfeffer

Für den Pesto Zwiebelwürfel und Gemüsebrühe aufkochen, 5 Minuten zugedeckt köcheln lassen.

Petersilie abzupfen. Blättchen grob hacken. Petersilienstängel fein schneiden und zur Seite legen (werden für die Spaghetti benötigt).

Im Cutter (Multizerkleinerer) oder mit dem Mixstab aus Zwiebeln, Garflüssigkeit, Petersilienblättchen, Basilikum, Knoblauch, Walnüssen, Zitronensaft, Olivenöl und Sojasoße einen Pesto zubereiten. Mit Salz und Pfeffer abschmecken.

Tofu mit der Hälfte des Pestos vermischen, etwas marinieren lassen.

Brokkoli zugedeckt in einem Einsatz über Wasserdampf in ca. 5 Minuten bissfest garen. Brokkoli grob hacken.

Spaghetti in reichlich Salzwasser bissfest kochen lassen.

In der Garzeit der Nudeln Olivenöl in einer großen, beschichteten Pfanne erhitzen. Knoblauch darin kurz anbraten. Petersilienstängel und die Walnüsse dazugeben, kurz anbraten. Tofu dazugeben, mit Sojasoße würzen, unter Rühren braten. Brokkoli dazugeben, unter Rühren braten.

Pesto mit 4 EL Spaghetti-Kochwasser glatt rühren. Spaghetti abgießen, abtropfen lassen. In der Pfanne Spaghetti, Brokkoli, Tofu und Pesto vermischen. Nudeln mit Salz und Pfeffer abschmecken.

Pro Portion 463 kcal, 14 g F, 21 g E, 62 g KH, 0 mg Chol

Pasta, Getreide & Hülsenfrüchte

*Ein japanisches Traditionsgericht*

# Kalte Sommer-Soba-Nudeln
## Für 2 Portionen

### Zutaten
- 180 g Soba-Nudeln (japanische Buchweizennudeln)
- Salz
- 1 TL Sesamgewürzöl

### Für den Dip
- 50 ml Sojasoße
- 150 ml kalte Gemüsebrühe (Gemüsesuppe)
- 1 TL Apfelessig
- ½ TL frischer Ingwer, fein gehackt

### Für die Garnitur
- 200 g Gurken, sehr feine Streifen
- 1 Bund Schnittlauch, fein geschnitten

Soba-Nudeln in reichlich Salzwasser bissfest kochen, abgießen und abtropfen lassen. Nudeln mit kaltem Wasser gut spülen, abtropfen lassen und mit dem Sesamöl vermischen.

Für den Dip Sojasoße, Gemüsebrühe, Essig und Ingwer vermischen. Die Nudeln mit 4 EL Dip vermischen, portionsweise anrichten, mit Gurke und Schnittlauch bestreuen.

Restlichen Dip zu den Nudeln reichen und die Nudeln Biss für Biss in den Dip tauchen.

Pro Portion 338 kcal, 3 g F, 3 g E, 66 g KH, 0 mg Chol

## Nudeln on the rocks
An besonders heißen Tagen, wie in Teilen Japans üblich, die Schale mit den Nudeln auf Eis servieren.

Ansonsten lässt sich dieses Blitzgericht vielfältig variieren:
- Den Dip mit Meerrettich würzen.
- Die Nudeln mit blanchiertem Spinat und marinierten Tofuwürfeln oder mit Brunnenkresse und einem Klacks Seidentofu kombinieren.

Ganz wichtig für das stilechte Anrichten: diese Zutaten nie wild und chaotisch mit den Nudeln vermischen, sondern immer separat zu den Nudeln reichen.

# Spaghetti mit Paprikasosse und Basilikum-Knoblauch-Zucchini
## Für 2 Portionen

### Zutaten
- 2 rote Paprikaschoten
- 1½ EL Olivenöl
- 1 Zwiebel, fein gehackt
- 1 TL Koriander
- Muskatnuss, frisch gerieben
- ½ TL Bio-Zitronenschale, fein gehackt
- Salz
- Pfeffer
- 180 g Spaghetti (Hartweizengrieß)
- 4 Knoblauchzehen, fein gehackt
- 300 g Zucchini, kleine Würfel
- 1 Bund Basilikum, fein gehackt

Die ganzen Paprikaschoten in reichlich Salzwasser in ca. 10 Minuten weich kochen, abgießen, abtropfen lassen. Stielansatz und Kerne entfernen. Paprikas in Stücke schneiden, mit dem Mixstab zu einer glatten Soße pürieren.

1 EL Olivenöl in einem flachen Topf erhitzen, Zwiebel darin bei milder Hitze weich und glasig dünsten. Koriander und Muskat dazugeben, unter Rühren kurz anrösten, mit der Paprikasoße aufgießen, mit Zitronenschale, Salz und Pfeffer würzen, die Soße kurz köcheln lassen.

Inzwischen zuerst die Spaghetti in reichlich Salzwasser bissfest kochen, abgießen, abtropfen lassen.

Dann ½ EL Olivenöl in einer beschichteten Pfanne erhitzen, Knoblauch darin unter Rühren kurz anbraten. Zucchini dazugeben, unter Rühren kurz braten, mit Salz und Pfeffer würzen. Basilikum untermischen.

Spaghetti portionsweise mit der Paprikasoße anrichten, mit den Basilikum-Knoblauch-Zucchini bestreuen.

Pro Portion 407 kcal, 10 g F, 16 g E, 60 g KH, 0 mg Chol

# Gersten-Risotto mit Kohlrabi und Radicchio
## Für 4 Portionen

### Zutaten
- 200 Gerstengraupen
- 1 Bund Petersilie
- 2 EL Olivenöl
- 1 große Zwiebel, fein gehackt
- 3 Knoblauchzehen, fein gehackt
- Muskatnuss, frisch gerieben
- 1 TL Koriander, zerstoßen
- 800 ml Gemüsebrühe (Gemüsesuppe)
- 2 Lorbeerblätter
- 3 Pimentkörner, zerstoßen
- 1 Stück Bio-Zitronenschale (3 x 4 cm)
- 500 g Kohlrabi, feine Scheiben
- Salz
- 1 kleiner Radicchio, dünne Streifen
- 1 kleiner Bund Rucola, Stücke
- 2–3 EL Zitronensaft
- Peffer

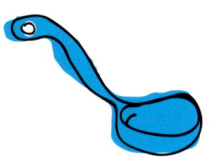

Gerstengraupen über Nacht in kaltem Wasser einweichen, abgießen und abtropfen lassen.

Petersilie abzupfen, Blättchen fein hacken, Stängel fein schneiden.

1 EL Olivenöl in einem beschichteten oder gusseisernen Topf erhitzen. Zwiebel darin bei milder Hitze weich und glasig dünsten. Knoblauch, Petersilienstängel, Muskat und Koriander dazugeben, kurz unter Rühren anrösten. Gerstengraupen dazugeben. Alles kurz unter Rühren anrösten, Petersilienblättchen dazugeben, kurz andünsten.

Mit 600 ml Gemüsebrühe aufgießen, mit Lorbeer, Piment und Zitronenschale würzen. Gersten-Risotto im offenen Topf 30–40 Minuten köcheln lassen, bis die Graupen weich sind. Dabei immer wieder umrühren, bei Bedarf noch etwas Gemüsebrühe dazugeben, der Risotto soll leicht suppig sein.

Gegen Ende der Garzeit 1 EL Olivenöl in einer Pfanne erhitzen, Kohlrabi darin unter Rühren kurz anbraten, mit Salz und Pfeffer würzen.

Kohlrabi mit dem Gersten-Risotto vermischen und kurz köcheln lassen. Gersten-Risotto vom Herd nehmen, Radicchio und Rucola untermischen. Gersten-Risotto mit Zitronensaft, Salz und Pfeffer abschmecken.

Pro Portion 281 kcal, 6 g F, 9 g E, 46 g KH, 0 mg Chol

### Appetitliche Garnitur
1 Bio-Zitrone in dünne Scheiben schneiden. Zitronenscheiben in wenig Öl auf beiden Seiten kurz braten. Gersten-Risotto portionsweise anrichten, mit den Zitronenscheiben garnieren.

Pasta, Getreide & Hülsenfrüchte

# Ofenkürbis mit geschmortem Paprika und Kichererbsen
## Für 4 Portionen

### Zutaten
- 400 g Hokkaido-Kürbis, ungeschält, kleine Würfel (oder Muskat- bzw. Butternusskürbis, geschält)
- 2 EL Olivenöl
- Salz
- 1 Zwiebel, halbiert, dünne Scheiben
- 3 Knoblauchzehen, fein gehackt
- 1 rote Paprikaschote, dünne Streifen
- 1 grüne Paprikaschote, dünne Streifen
- 1 TL Cumin, zerstoßen
- 1 TL Koriander, zerstoßen
- Muskatnuss, frisch gerieben
- 250 ml Gemüsebrühe (Gemüsesuppe)
- ½ TL Thymian, getrocknet
- 200 g gekochte Kichererbsen, abgetropft (Dose)
- 500 g Tomatenstücke (Dose, Tetra Pack)
- Pfeffer

Backofen auf 200 °C (Umluft 180 °C, Gas Stufe 4–5) vorheizen. Kürbiswürfelchen mit 1 EL Olivenöl vermischen, in einer Schicht auf einem kleinen Backblech verteilen, im vorgeheizten Ofen in ca. 15 Minuten weich braten, leicht salzen.

Inzwischen in einem beschichteten Topf 1 EL Olivenöl erhitzen. Zwiebelringe darin zuerst bei milder Hitze glasig dünsten, dann unter Rühren goldbraun braten. Knoblauch und Paprika dazugeben, unter Rühren kurz anbraten. Leicht salzen, Cumin, Koriander und Muskat untermischen, kurz anrösten. Paprika bei milder Hitze zugedeckt ca. 5 Minuten im eigenen Saft dünsten, dabei ab und zu umrühren. Mit Gemüsebrühe aufgießen, mit Thymian würzen, 5 Minuten köcheln lassen. Kichererbsen und Tomaten unterrühren, und alles noch einige Minuten köcheln lassen, mit Salz und Pfeffer abschmecken.

Gemüse mit den Kürbiswürfeln bestreuen.

Dieses Gemüsegericht lässt sich gut vorbereiten und eignet sich hervorragend zum Aufwärmen.

Pro Portion 183 kcal, 7 g F, 7 g E, 22 g KH, 0 mg Chol

### Dazu ein grosser Salat!
Ein knackig frischer Salat schmeckt zu jedem Essen. Ganz im Einklang mit der Jahreszeit werden in der großen Schüssel zarte Blättchen, feine Kräuter, aromatische Gemüse und saftige Früchtchen vermischt. Dazu bringt Salat jede Menge natürliche Vitalstoffe und viel Basenpower auf den Teller. Zum herbstlichen Kürbisgericht passt der Fenchel-Grapefruit-Salat auf Radicchio (S. 51).

Pasta, Getreide & Hülsenfrüchte

# Spinat-Pilz-Risotto
## Für 4 Portionen

### Zutaten
- 1 Bund Petersilie
- 2 EL Olivenöl
- 1 Zwiebel, fein gehackt
- 4 Knoblauchzehen, fein gehackt
- Muskatnuss, frisch gerieben
- 200 g Risotto-Reis
- 100 ml weißer Traubensaft
- 700 ml Gemüsebrühe (Gemüsesuppe)
- ½ TL Thymian, getrocknet
- 20 g getrocknete Steinpilze, im Mörser zerstoßen oder gehackt
- 1 Stück Bio-Zitronenschale, (3 x 4 cm)
- 400 g Champignons, dünne Scheiben
- 300 g Spinat

Petersilienblättchen abzupfen. Blättchen fein hacken, Stängel fein schneiden.

In einem großen flachen, beschichteten oder gusseisernen Topf 1½ EL Olivenöl erhitzen. Zwiebel darin bei milder Hitze langsam weich und glasig dünsten. Knoblauch, Petersilienstängel und Muskat dazugeben, unter Rühren kurz anrösten.

Reis untermischen, leicht salzen, unter Rühren kurz braten. Die Hälfte der Petersilie dazugeben, unter Rühren kurz anbraten.

Mit Traubensaft ablöschen, unter Rühren erhitzen, bis der Traubensaft verkocht ist. 400 ml Gemüsebrühe, Thymian, getrocknete Steinpilze und Zitronenschale untermischen, bei milder Hitze köcheln lassen, bis die Flüssigkeit fast verdampft ist, dabei öfters umrühren. Nach Bedarf die restliche Gemüsebrühe dazugeben, unter häufigem Rühren weiter köcheln lassen, bis der Reis fast fertig ist.

Gegen Ende der Garzeit in einer großen Pfanne ½ EL Olivenöl erhitzen. Pilze dazugeben, leicht salzen unter Rühren kurz braten. Pilze mit dem Risotto vermischen, kurz köcheln lassen. Eventuell noch etwas Gemüsebrühe dazugeben, der Risotto soll etwas suppig sein.

Spinat mit wenig Salz in einen großen Topf geben, bei guter Hitze in 2 Minuten zusammenfallen lassen, in ein Sieb abgießen und abtropfen lassen. Spinat in Stücke schneiden. Spinat und die restliche Petersilie mit dem Risotto vermischen. Risotto sofort servieren.

Pro Portion 273 kcal, 6 g F, 11 g E, 43 g KH, 0 mg Chol

### Raffiniert würzen
1 TL Koriander, ½ TL Fenchelsamen und 3 Pimentkörner im Mörser zerstoßen, mit Knoblauch und Petersilienstängeln anbraten.

### Variante nur mit Pilzen
Sie können auch den Spinat weglassen und den Risotto mit 400 g Pilzen zubereiten.

Pasta, Getreide & Hülsenfrüchte

# Couscous mit Granatapfel und Kräutern
Für 4 Portionen

### Zutaten
- 250 ml Wasser
- Salz
- 1 TL Öl
- ½ TL Bio-Zitronenschale, fein gehackt
- 200 g Couscous
- Kerne aus ½ Granatapfel
- ½ Bund Petersilie, fein gehackt
- 1 EL frische Minze, fein gehackt

Wasser mit Salz, Öl und Zitronenschale aufkochen. Couscous unterrühren, vom Herd nehmen und zugedeckt 5–7 Minuten quellen lassen. Die Couscouskörnchen sollen die gesamte Flüssigkeit aufgesogen haben. Wenn der Couscous noch zu hart ist, wenig heißes Wasser untermischen und noch etwas quellen lassen.

Granatapfel, Petersilie und Minze untermischen.

Pro Portion 196 kcal, 2 g F, 5 g E, 39 g KH, 0 mg Chol

### Eine schnell zubereitete, attraktive Beilage
Passt zu würzigen Gemüsegerichten, z. B. zu Kohlrabi in Basilikum-Kokos-Soße (S. 82) oder zum Blumenkohl-Zucchini-Curry (S. 84)

# Tomaten-Bulgur
Für 4 Portionen

### Zutaten
- ½ EL Olivenöl
- ½ Zwiebel, fein gehackt
- 150 g Tomatenwürfel (Dose, Tetra-Pak)
- 200 g grober Bulgur
- 300 ml Gemüsebrühe (Gemüsesuppe)
- ½ TL Minze oder Oregano, getrocknet

Olivenöl in einem flachen Topf erhitzen. Zwiebel darin zuerst weich dünsten, dann kurz anbraten. Tomatenwürfel unterrühren, kurz etwas einköcheln lassen.

Bulgur, Gemüsebrühe und Minze untermischen, zugedeckt bei milder Hitze 12–15 Minuten köcheln lassen, bis der Bulgur die gesamt Flüssigkeit aufgesogen hat. Bei Bedarf noch etwas Gemüsebrühe angießen. Tomaten-Bulgur mit Salz und Pfeffer abschmecken.

Pro Portion 182 kcal, 2 g F, 5 g E, 36 g KH, 0 mg Chol

### Herzhafte Begleitung
zu Brokkoli in Kerbel-Nuss-Soße (S. 76) oder zu gegrillten Paprikas (S. 94).

# Rote Beete in Meerrettichsosse
## Für 2 Portionen

### Zutaten
- 1 EL Öl
- ½ Zwiebel, fein gehackt
- 80 g Petersilienwurzel, kleine Stücke
- 250 ml Gemüsebrühe (Gemüsesuppe)
- 1 Stück Bio-Zitronenschale
- Muskat
- 1 EL Meerrettich (Kren) (aus dem Glas)
- 1 EL Zitronensaft
- 400 g Rote Beete (Rote Rüben), gekocht
- 2 EL Sojacreme
- Salz

Öl in einem beschichteten oder gusseisernen Topf erhitzen. Zwiebel darin bei milder Hitze weich dünsten. Petersilienwurzel, Gemüsebrühe, Zitronenschale und Muskat dazugeben.

Soße ca. 10 Minuten zugedeckt köcheln, mit dem Mixstab fein pürieren. Soße mit Meerrettich und Zitronensaft vermischen.

Rote Beete untermischen, kurz erhitzen, Sojacreme unterrühren, mit Salz abschmecken.

Rote Beete in Meerrettichsoße portionsweise mit gebratenen Apfelringen anrichten. Dazu schmeckt cremige Steinpilz-Polenta (siehe unten).

Pro Portion 155 kcal, 8 g F, 4 g E, 17 g KH, 0 mg Chol

### Gebratene Apfelringe
1 saftigen, säuerlichen Apfel schälen, in dünne Scheiben schneiden. Kerngehäuse ausstechen. In einer beschichteten Pfanne ½ EL Öl erhitzen. Äpfel darin auf beiden Seiten kurz anbraten.

# Steinpilz-Polenta
## Für 2 Portionen

### Zutaten
- 10 g getrocknete Steinpilze
- 300 ml Gemüsebrühe
- 100 g Polenta
- 1 TL Olivenöl
- ½ TL Thymian, getrocknet

Steinpilze im Mörser pulvrig zerstoßen oder sehr fein hacken.

Gemüsebrühe zum Kochen bringen. Polenta, Steinpilze, Öl und Thymian einrühren. Polenta ca. 15 Minuten köcheln, dabei immer wieder umrühren. Bei Bedarf noch etwas Gemüsebrühe dazugeben.

Pro Portion 113 kcal, 3 g F, 3 g E, 18 g KH, 0 mg Chol

# Gebratene China-Nudeln mit Paprika, Kohl und Pilzen
## Für 2 Portionen

### Für die Nudeln
- 160 g Asia-Nudeln (Buchweizen-, Weizen- oder Reisnudeln)
- Salz
- 1 EL Öl
- 1 Knoblauchzehe, fein gehackt
- ½ rote Paprikaschote, feine Streifen
- 100 g Weißkohl (Weißkraut), sehr feine Streifen
- 100 g Austernpilze, Streifen
- 100 g Lauch, längs halbiert, 5 mm breite Streifen
- 4 EL frischer Koriander oder Petersilie, fein gehackt

### Für die Soße
- 2 EL passierte Tomaten (Dose, Tetra Pack)
- 2 EL Sojasoße
- 2 EL naturtrüber Apfelsaft
- 1 TL frischer Ingwer, fein gehackt
- Chilipulver

Nudeln in reichlich Salzwasser bissfest kochen, abgießen, kalt abspülen und gut abtropfen lassen.

Für die Soße passierte Tomaten, Sojasoße, Apfelsaft, Ingwer und 1 Prise Chilipulver verrühren.

Öl im Wok oder in einer beschichteten Pfanne erhitzen. Knoblauch darin kurz anbraten. Paprika dazugeben, unter Rühren bei guter Hitze 2 Minuten braten. Weißkohl dazugeben, unter Rühren kurz braten. Austernpilze und Lauch zugeben, leicht salzen. Das Gemüse unter ständigem Rühren bei guter Hitze 3–4 Minuten braten. Es soll noch einen guten Biss haben.

Nudeln unter das Gemüse mischen, unter Rühren braten, bis die Nudeln heiß sind. Soßenmischung unterrühren und kurz erhitzen.

Gebratene China-Nudeln mit Koriander bestreut servieren.

Pro Portion 266 kcal, 6 g F, 13 g E, 63 g KH, 0 mg Chol

### Gemüse gleichmässig fein schneiden bringt den Erfolg
Damit das Unter-Rühren-Braten im Wok mit minimalen Garzeiten gelingt und das Gemüse schön knackig bleibt, muss es gleichmäßig und sehr klein geschnitten werden. Dann kann es losgehen – harte Gemüse zuerst in den Wok und rühren, rühren, rühren.

Pasta, Getreide & Hülsenfrüchte

# Gebratene Kichererbsen mit Zucchini
## Für 2 Portionen

### Zutaten
- 1 EL Olivenöl
- 4 Knoblauchzehen, gehackt
- 200 g gekochte Kichererbsen, abgetropft (Dose)
- ½ TL Koriander, zerstoßen
- ½ TL Cumin, zerstoßen
- Salz
- ¼ TL Paprikapulver, edelsüß
- 300 g Zucchini, klein gewürfelt
- Pfeffer

Olivenöl im Wok erhitzen. Knoblauch darin unter Rühren kurz anbraten. Kichererbsen, Koriander und Cumin dazugeben, leicht salzen, unter Rühren einige Minuten braten.

Paprikapulver und Zucchini untermischen, unter Rühren kurz braten. Die Zucchini sollen noch einen guten Biss haben.

Gebratene Kichererbsen mit Salz und Pfeffer abschmecken, mit Knoblauch-Tomaten-Soße (siehe unten) anrichten.

Pro Portion 153 kcal, 6 g F, 8 g E, 15 g KH, 0 mg Chol

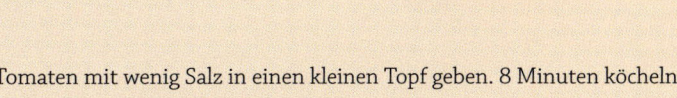

# Knoblauch-Tomaten-Sosse
## Für 2 Portionen

### Zutaten
- 500 g Tomaten, abgezogen, Stücke (oder Tomatenwürfel aus der Dose)
- 1 EL Olivenöl
- Salz
- 4 Knoblauchzehen, dünne Scheiben
- 1 TL Basilikum, getrocknet
- Pfeffer

Tomaten mit wenig Salz in einen kleinen Topf geben. 8 Minuten köcheln lassen. Tomaten mit dem Mixstab fein pürieren.

Olivenöl in einer Pfanne erhitzen. Knoblauch darin unter Rühren kurz anbraten. Tomatensoße dazugeben, mit Basilikum würzen. Tomatensoße etwas einköcheln lassen, mit Salz und Pfeffer abschmecken.

Pro Portion 100 kcal, 6 g F, 3 g E, 9 g KH, 0 mg Chol

### Als ich einmal keine Zeit zum Kochen hatte,
der Kühlschrank fast leer, aber noch reichlich Knoblauch da war, entstanden diese Rezepte.

Den Schnappschuss davon finden Sie auf meiner Website:
www.elisabeth-fischer.com

Pasta, Getreide & Hülsenfrüchte

# Paprika-Rouladen mit würziger Pilz-Hirse
## Für 4 Portionen

Zutaten
- 4 rote Paprikaschoten
- 2 EL Öl
- 1 Zwiebel, fein gehackt
- 2 Knoblauchzehen, fein gehackt
- 200 ml Gemüsebrühe (Gemüsesuppe)
- 100 g Hirse
- ½ TL Thymian, getrocknet
- Muskatnuss, frisch gerieben
- ½ TL Bio-Zitronenschale, fein gehackt
- 300 g Champignons, sehr kleine Würfel
- Salz
- Pfeffer
- 100 g Karotten, grob geraspelt
- 2 Frühlingszwiebeln (Jungzwiebeln, feine Ringe)

Backofen auf 200 °C (Umluft 180 °C, Gas Stufe 4–5) vorheizen. Ganze Paprikaschoten auf den Rost legen, im vorgeheizten Ofen ca. 20 Minuten garen, bis die Haut Blasen wirft und sich stellenweise braun verfärbt. Paprika in eine Schüssel geben, zudecken, abkühlen lassen. Paprika längs aufschneiden, Stielansatz und Kerne entfernen. Die Haut vorsichtig abziehen, das Fruchtfleisch soll in einem Stück bleiben.

1 EL Öl erhitzen. Zwiebel und Knoblauch darin weich dünsten. Mit Gemüsebrühe aufgießen. Gemüsebrühe aufkochen. Hirse, Thymian, Muskat und Zitronenschale dazugeben. Hirse zugedeckt 5 Minuten köcheln, dann im Ofen bei 100 °C 20 Minuten quellen lassen.

1 EL Öl in einer beschichteten Pfanne erhitzen. Pilze darin kurz unter Rühren braten, salzen und pfeffern.

In einer Schüssel die Hirse, Pilze, Karotten und Frühlingszwiebeln vermischen, Füllung mit Salz und Pfeffer abschmecken und auf den Paprikastreifen verteilen. Paprika aufrollen, mit Zahnstochern feststecken und halbieren. Gefüllte Paprika mit Erbsensoße (siehe unten) anrichten.

Pro Portion 200 kcal, 7 g F, 7 g E, 27 g KH, 0 mg Chol

# Grasgrüne Erbsensosse
## Für 4 Portionen

Zutaten
- 200 ml Gemüsebrühe (Gemüsesuppe)
- 150 g TK-Erbsen
- ½ TL Bio-Zitronenschale, fein gehackt
- Muskatnuss, frisch gerieben
- 4 EL Sojacreme
- 1–2 EL Zitronensaft
- Salz
- Pfeffer

Gemüsebrühe zum Kochen bringen. Erbsen dazugeben, mit Zitronenschale und Muskat würzen, 3 Minuten köcheln lassen. Sojacreme und Zitronensaft untermischen, alles mit dem Mixstab fein pürieren. Wenn die Soße zu dick ist, noch ein wenig Gemüsebrühe untermischen.

Erbsensoße mit Salz und Pfeffer abschmecken.

Pro Portion 57 kcal, 2 g F, 3 g E, 6 g KH, 0 mg Chol

# Knusprige Pastetchen mit Lauch-Pilz-Mandel-Füllung
## Für ca. 18 Stück

Zutaten
- 1 EL Öl
- 150 g Lauch, feine Streifen
- 200 g Champignons, kleine Würfel
- Salz
- Pfeffer
- Muskatnuss, frisch gerieben
- ½ Bund Petersilie, fein gehackt
- 40 g Mandeln, gehackt
- 2 EL Zitronensaft
- abgeriebene Schale von ¼ Bio-Zitrone
- 3 Blätter veganer TK-Strudelteig
- 2 EL Öl
- ¼ TL Kurkuma, gemahlen
- 2 TL schwarze Senfsamen oder Sesam

Öl in einer beschichteten Pfanne erhitzen. Lauch und Pilze dazugeben, mit Salz, Pfeffer und Muskat würzen, 4 Minuten unter Rühren braten. Petersilie untermischen, kurz erhitzen.

Die Mischung etwas abkühlen lassen, im Cutter (Multizerkleinerer) mit Mandeln, Zitronensaft und -schale zu einer glatten Füllung pürieren. Füllung mit Salz, Pfeffer und Muskat abschmecken.

Backofen auf 200 °C (Umluft 180 °C, Gas Stufe 4–5) vorheizen, Backblech dünn mit Öl bestreichen. Ein Strudelblatt ausbreiten, dünn mit Öl bepinseln, in 10 cm breite und ca. 35 cm lange Streifen schneiden.

Stellen Sie sich jetzt am unteren Ende jedes Teigstreifens ein Quadrat mit 10 cm Seitenlänge vor. In die linke obere Ecke des Quadrats 2 TL Füllung geben. Die untere rechte Ecke des Quadrats über die Füllung klappen, sodass ein Dreieck entsteht. Das Dreieck nach oben klappen, sodass wieder ein Dreieck entsteht. Auf diese Weise den gesamten Teigstreifen zusammenfalten.

Teig-Ende mit kaltem Wasser anfeuchten und leicht andrücken. Pastetchen auf das Backblech legen. Restliche Teigblätter genauso verarbeiten.

Damit die Pastetchen schön goldgelb werden 2 EL Öl und Kurkuma gut verrühren. Pastetchen damit bestreichen, mit Senfsamen bestreuen, im vorgeheizten Ofen ca. 12 Minuten backen. Die Pastetchen schmecken heiß und kalt. Dazu passt der Tomaten-Pastinaken-Dip (siehe unten).

Pro Portion 49 kcal, 3 g F, 2 g E, 5 g KH, 0 mg Chol

# Tomaten-Pastinaken-Dip
## Für ca. 400 Gramm

Zutaten
- 200 g Pastinaken, kleine Würfel
- 2 Knoblauchzehen, gehackt
- ½ EL Öl
- 200 ml Gemüsebrühe (-suppe)
- 5 getrocknete Tomaten, Stücke
- 2 EL Zitronensaft

Pastinaken und Knoblauch in Öl anbraten. Mit Gemüsebrühe aufgießen, zugedeckt weich köcheln lassen. Mit dem Mixstab Pastinaken, Garflüssigkeit, getrocknete Tomaten und Zitronensaft fein pürieren.

Dip mit Salz und Pfeffer abschmecken.

Pro Esslöffel 5 kcal, 0 g F, 0 g E, 2 g KH, 0 mg Chol

# FRUCHTIG & SÜSS

## VEGAN FASTEN

Erdbeer-Mango-Salat (S. 134), Bananen-Aprikosen-Creme (S. 134), Quitten-Kokos-Dattel-Gelee mit Himbeersoße (S. 140): Sie können alle fruchtigen Süßspeisen von S. 134 bis S. 141 und auf S. 146 auch beim VEGAN FASTEN genießen. In die Wochenprogramme habe ich sie nicht eingefügt, da ich diese einfach gestalten wollte.

Beim VEGAN FASTEN gibt es verschiedene Alternativen, wie Sie auch Süßspeisen einbauen können:
1. Fruchtiges Dessert statt Beilagensalat
2. Eine Portion Suppe und ein Dessert als Hauptmahlzeit

Ganz angenehm finde ich die dritte Version: Sie essen zusätzlich eine fruchtige Speise als Dessert oder Zwischenmahlzeit. Dadurch erhöht sich zwar die Tageskalorienzahl um maximal 200 kcal auf ca. 1100 kcal. Sie werden aber trotzdem abnehmen, vielleicht etwas langsamer. Ein Kompromiss: Nur jeden zweiten Tag das Fruchtdessert essen.

Einen Vorteil haben diese natürlich süßen, fruchtigen Speisen, die ohne Zucker zubereitet werden. Sie kommen schon beim VEGAN FASTEN auf den leichten Süßgeschmack, das fördert die Umstellung der Ernährungsgewohnheiten und bestätigt die weise Regel: Genuss macht schlank.

## VEGAN SCHLANK BLEIBEN

Ohne Zucker fällt das Schlankbleiben leichter. Naschen Sie sich durch dieses fruchtig süße Kapitel von der ersten bis zur letzten Seite! Sie werden feststellen, dass es den Süßgenuss ohne Reue gibt: Gelungene Speisen aus reifen Früchten und Trockenfrüchten, abgerundet mit Zimt, Vanille, Kardamom, Ingwer, Zitronen- und Orangenschale.

„Milchreis", dazu Apfelmus mit Cranberrysn (S. 145): Eine süße Hauptspeise erfreut große und kleine Naschkatzen. Essen Sie davor eine Tomaten-Topinambur-Suppe (S. 62) oder die Sellerie-Lauchcremesuppe mit Pilzen (S. 58), dann ist das Menü perfekt.

Apfel-Pie (S. 148) und Zwetschken-Pizza (S. 149): Zum Schlankbleiben gehören auch leichte Kuchen. Meine Rezepte sind mit Hefeteig zubereitet. Der enthält nur Mehl, Öl, Sojamilch und Salz, wächst durch die Hefe in luftige Höhe und wird, dünn ausgerollt, zu einem super knusprigen Kuchenboden. Das Praktische daran: Hefeteig ist robust, kann eingefroren werden, darum gleich die doppelte Teigmenge zusammenkneten und eiskalten Vorrat für frisch Gebackenes schaffen!

Zum Schluss noch eine persönliche Anmerkung: Ich habe immer Appetit auf Neues, ständig fallen mir Rezepte ein, die ich unbedingt ausprobieren will. Auch darum ist die schlanke vegane Küche so ideal für mich. Ich kann viel kochen, viel backen, viel essen und nehme nicht zu.

FRUCHTIG & SÜSS

# Erdbeer-Mango-Salat
## Für 4 Portionen

### Zutaten
- 400 g Erdbeeren, kleine Spalten
- 1 Mango, dünne Scheiben
- 4 Kumquats, dünne Scheiben
- Saft von 2 Orangen

Erdbeeren, Mango und Kumquats mit dem Orangensaft vermischen. Zum Fruchtsalat schmeckt die natürlich süße Aprikosen-Bananen-Creme (siehe unten).

Pro Portion 83 kcal, 1 g F, 2 g E, 16 g KH, 0 mg Chol

# Bananen-Aprikosen-Creme
## Für 4 Portionen

### Zutaten
- 100 g getrocknete Aprikosen (Marillen)
- 100 ml Wasser
- 1 reife Banane, kleine Stücke
- 100 ml Orangensaft
- ½–1 EL Zitronensaft
- ¼ TL Zimtpulver
- 1 TL Bio-Zitronenschale, fein gehackt
- 1 TL Bio-Orangenschale, fein gehackt

Aprikosen mit 100 ml kochendem Wasser übergießen und 30 Minuten quellen lassen. Die Früchte abtropfen lassen und in kleine Stücke schneiden.

Aprikosen, Bananen, Orangen- und Zitronensaft sowie Zimt mit dem Mixstab fein pürieren. Zitronen- und Orangenschale unterrühren.

Pro Portion 102 kcal, 0 g F, 2 g E, 21 g KH, 0 mg Chol

FRUCHTIG & SÜSS

# Seidentofu mit Feigensosse und Trauben
## Für 2 Portionen

**Für die Soße**
- 4 getrocknete Softfeigen, kleine Stücke
- 80 ml Wasser
- ¼ TL Zimtpulver
- 1 TL Zitronensaft
- ¼ TL abgeriebene Bio-Zitronenschale

**Für den Tofu**
- 200 g Seidentofu
- Zimtpulver
- 200 g Trauben, halbiert
- 1 TL Mandelsplitter, geröstet

Feigen 20 Minuten in Wasser einweichen.

Mit dem Mixstab Feigen, Einweichwasser, Zimt und Zitronensaft zu einer glatten Soße pürieren. Zitronenschale unterrühren.

Seidentofu portionsweise anrichten, mit einer Prise Zimt bestreuen, Feigensoße darauf verteilen, Trauben und Mandeln darüberstreuen.

Pro Portion 199 kcal, 6 g F, 10 g E, 25 g KH, 0 mg Chol

### Mild und cremig – Seidentofu
Seidentofu hat die angenehme Konsistenz eines weichen Puddings und eignet sich prima für schnelle Süßspeisen. Kombinieren Sie den Seidentofu immer mit knackig Frischem, dann stimmt auch das Mundgefühl und das Dessert schmeckt noch besser. Gute Kombination: einen Klacks Seidentofu auf Fruchtsalat geben und darauf ein Löffelchen Feigensoße.

# Pfirsich-Zwetschken-Mus
## Für 4 Portionen

*Wenn der Sommer Hochsaison hat*

**Zutaten**
- 500 g reife Zwetschken, kleine Stücke
- 500 g reife Pfirsiche kleine Stücke
- 100 ml Wasser
- 3 EL Rosinen
- ½ TL Zimtpulver

Zwetschken, Pfirsiche, Wasser, Rosinen und Zimt in einem Topf zum Kochen bringen. Bei milder Hitze ca. 8 Minuten köcheln lassen, bis die Früchte weich sind. Ab und zu umrühren, damit nichts anbrennt.

Alles mit dem Mixstab fein pürieren.

Pro Portion 127 kcal, 0 g F, 2 g E, 27 g KH, 0 mg Chol

### Heiss und kalt, als Dessert und zum Frühstück
Das fruchtige Aroma des Sommers einfangen, gleich eine größere Menge Pfirsich-Zwetschken-Mus kochen und portionsweise einfrieren. Pfirsich-Zwetschken-Mus versüßt morgens ganz natürlich das Müsli oder den Porridge, schmeckt pur als Dessert und hervorragend zum Grießflammerie (S. 142) oder zum aromatischen „Milchreis" (S. 145).

FRUCHTIG & SÜSS

# Himbeer-Melonen-Salat mit Erdbeer-Bananen-Nuss-Creme
## Für 2 Portionen

### Für den Obstsalat
- 300 g Netzmelonen, kleine Stücke
- Saft von 1 Orange
- 100 g Himbeeren

### Für die Creme
- 100 g Erdbeeren, kleine Stücke
- 1 EL Cashew- oder Mandelmus
- 1 reife Banane, kleine Stücke

Für den Obstsalat Netzmelonen und Orangensaft vermischen, Himbeeren vorsichtig unterheben.

Für die Nusscreme Erdbeeren und Nussmus mit dem Mixstab fein pürieren. Bananen dazugeben, alles fein pürieren.

Fruchtsalat mit der Erdbeer-Bananen-Nuss-Creme anrichten.

Pro Portion 97 kcal, 1 g F, 2 g E, 19 g KH, 0 mg Chol

# Apfel-Mandarinen-Kokos-Creme
## Für 4 Portionen

### Zutaten
- 800 g Äpfel, kleine Stücke
- 150 ml Kokosmilch
- 2 EL Rosinen, gehackt
- abgeriebene Schale von ¼ Bio-Zitrone
- 1 Zimtstange
- 1 TL Zitronensaft
- Saft von 2 Mandarinen

In einem kleinen Topf Äpfel mit Kokosmilch, Rosinen, Zitronenschale, Zimt und Zitronensaft zum Kochen bringen.

Zugedeckt ca. 15 Minuten köcheln lassen, bis die Äpfel cremig zerfallen, dabei öfters umrühren.

Mandarinensaft untermischen. Die Apfel-Mandarinen-Kokos-Creme schmeckt heiß und kalt.

Pro Portion 201 kcal, 8 g F, 2 g E, 30 g KH, 0 mg Chol

## Haselnuss-Vanille-Pudding (Foto)
### Für 4 Portionen

### Zutaten
- 1 Vanilleschote
- 300 ml Sojadrink, ungesüßt
- 3 EL Haselnussmus
- 3 EL Rosinen, gehackt
- zerstoßene Samen aus 6 Kardamomkapseln
- ½ TL Zimtpulver
- abgeriebene Schale von 1 Bio-Zitrone
- 1 TL frischer Ingwer, fein gehackt
- 1½ TL Agar-Agar-Pulver
- 300 g Sojajoghurt, natur
- Himbeeren zum Garnieren

Vanilleschote mit einem scharfen Messer längs aufschneiden. Das Mark herauskratzen.

Mit dem Mixstab Sojadrink mit Vanillemark, Nussmus, Rosinen, Kardamom, Zimt, Zitronenschale und Ingwer glatt mixen.

Agar-Agar-Pulver mit 3 EL Wasser glattrühren. Die Soja-Nuss-Mischung in einen kleinen Topf geben, unter Rühren zum Kochen bringen. Aufgelöstes Agar-Agar untermischen, alles 1 Minute unter Rühren köcheln lassen.

Pudding etwas abkühlen lassen, Sojajoghurt mit dem Handrührgerät untermischen.

Puddingcreme in Portionsförmchen füllen, etwas abkühlen lassen und ca. 3 Stunden kalt stellen.

Haselnuss-Vanille-Pudding auf Dessertteller stürzen, mit Orangensoße (siehe unten) oder frisch gepresstem Orangensaft umgießen, mit Himbeeren garnieren.

Pro Portion 140 kcal, 9 g F, 10 g E, 5 g KH, 0 mg Chol

## Orangensosse
### Für 4 Portionen

### Zutaten
- 400 ml Orangensaft
- 1 EL Apfeldicksaft
- ½ TL Bio-Orangenschale, fein gehackt
- 2 TL Zitronensaft
- 1 gestrichener TL Kartoffelstärke oder Pfeilwurzmehl
- 1 Stück Sternanis

In einem kleinen Topf den Orangensaft mit Apfeldicksaft, Orangenschale, Zitronensaft und Kartoffelstärke glatt rühren. Sternanis dazugeben. Alles unter Rühren zum Kochen bringen, kurz köcheln lassen, bis die Soße bindet. Die Orangensoße schmeckt heiß und kalt.

Pro Portion 54 kcal, 0 g F, 1 g E, 11 g KH, 0 mg Chol

FRUCHTIG & SÜSS

# Quitten-Kokos-Dattel-Gelee
## Für ca. 25 Stück

### Zutaten
- 400 g Quitten, kleine Stücke
- 100 g getrocknete Datteln, kleine Stücke
- 250 ml Wasser
- abgeriebene Schale von ¼ Bio-Zitrone
- ½ TL Zimtpulver
- 250 ml Kokosmilch
- 2 gestrichene TL Agar-Agar-Pulver
- 2 EL Kokosraspel

Quitten mit Datteln, Wasser, Zitronenschale und Zimt in einem kleinen Topf zum Kochen bringen. Zugedeckt ca. 10 Minuten köcheln lassen, bis die Quitten fast weich sind. Kokosmilch unterrühren, noch 5 Minuten köcheln lassen, bis die Quitten weich sind. Alles mit dem Mixstab fein pürieren.

Agar-Agar mit 4 EL kaltem Wasser glatt rühren.

Quitten-Kokos-Creme unter Rühren zum Kochen bringen. Aufgelöstes Agar-Agar untermischen, unter Rühren 1 Minute köcheln lassen.

Quitten-Kokos-Creme zum Festwerden in eine flache Form gießen, etwas abkühlen lassen und ca. 3 Stunden in den Kühlschrank stellen.

Quitten-Kokos-Dattel-Gelee auf ein Brett stürzen, mit den Kokosraspeln bestreuen, in kleine Würfel schneiden.

Pro Stück 40 kcal, 3 g F, 2 g E, 5 g KH, 0 mg Chol gesamt

### Lässt sich gut vorbereiten
Das Quitten-Kokos-Dattel-Gelee schmeckt zu Tee oder aromatischem Chai. Ein attraktives Dessert: einfach die Quitten-Kokos-Würfel mit der blitzschnell gemixten Himbeersoße anrichten (siehe unten).

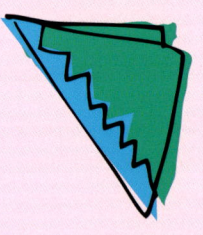

# Himbeersosse
## Für 4 Portionen

### Zutaten
- 250 g TK-Himbeeren
- 50 ml Orangensaft
- 1 TL Rosinen, gehackt

Himbeeren auftauen lassen. Mit dem Mixstab Himbeeren, Orangensaft und Rosinen zu einer glatten Soße mixen.

Pro Portion 30 kcal, 0 g F, 1 g E, 5 g KH, 0 mg Chol

### Beerige Variante
Die Soße mit tiefgekühlten Erdbeeren zubereiten.

FRUCHTIG & SÜSS

## Gegrillte Pfirsiche mit Beeren
### Für 4 Portionen

### Zutaten
- 800 g Pfirsiche
- 1 TL Öl
- 100 g Beeren (Erd-, Heidel-, Him- oder Brombeeren)

Pfirsiche kurz in kochendes Wasser legen, abziehen, entkernen in kleine Spalten schneiden. Eine flache ofenfeste Form mit Öl ausstreichen. Pfirsiche dachziegelartig einschichten.

Grill auf die höchste Stufe stellen, Pfirsiche darunter ca. 8 Minuten grillen (oder Pfirsiche im vorgeheizten Backofen bei 200 °C/Umluft 180 °C, Gas Stufe 4–5, ca. 10 Minuten backen).

Pfirsiche portionsweise anrichten, mit den Beeren bestreuen.

Pro Portion 93 kcal, 2 g F, 2 g E, 17 g KH, 0 mg Chol

### Pure Frucht: ein attraktives Dessert, schnell zubereitet
Gegrillte Pfirsiche portionsweise mit der Zwetschken-Kokos-Soße oder der Johannisbeer-Soße anrichten, mit Minzeblättchen bestreuen. (Einen Schnappschuss vom Probekochen finden Sie auf meiner Website: www.elisabeth-fischer.com.)

## Zwetschken-Kokos-Sosse
### Für 4 Portionen

### Zutaten
- 300 g reife Zwetschken, halbiert
- 3 EL Wasser
- 2 EL Rosinen
- ½ TL Zimtpulver
- 50 ml Kokosmilch

Zwetschken mit Wasser, Rosinen und Zimt in einen kleinen Topf geben, zugedeckt ca. 5 Minuten köcheln lassen, bis die Zwetschken fast weich sind. Kokosmilch untermischen, unter Rühren kurz köcheln lassen. Alles mit dem Mixstab fein pürieren.

Pro Portion 70 kcal, 3 g F, 1 g E, 17 g KH, 0 mg Chol

### Johannisbeer-Sosse:
Für 4 Portionen mit dem Mixstab 300 g schwarze Johannisbeeren (schwarze Ribiseln), 2 EL gehackte Rosinen und ¼ TL Zimtpulver mit dem Mixstab fein pürieren. Johannisbeer-Soße durch ein Sieb streichen.

FRUCHTIG & SÜSS

# Griess-Flammerie
## Für 4 Portionen

### Zutaten
- 2 Vanilleschoten
- 500 ml Sojadrink, ungesüßt
- 3 EL Apfeldicksaft
- 1 Zimtstange
- 50 g Grieß
- abgeriebene Schale von ½ Bio-Zitrone
- 200 g Sojajoghurt

Vanilleschoten aufschneiden, Mark herauskratzen.

Sojadrink mit Apfeldicksaft, Zimt, Vanillemark und Vanilleschoten und zum Kochen bringen. Grieß und Zitronenschale unter Rühren einrieseln lassen.
Unter Rühren in ca. 5 Minuten einen Grießbrei kochen. Zimt- und Vanilleschoten entfernen, den Grießbrei abkühlen lassen.

Mit dem Handmixer Grießbrei und Sojajoghurt glatt rühren.

Das Grieß-Flammerie mit dem Aprikosen-Orangen-Kompott anrichten.

Pro Portion 140 kcal, 5 g F, 9 g E, 15 g KH, 0 mg Chol

### Ausgekratzte Vanilleschoten nicht wegwerfen!
Dazu sind sie viel zu wertvoll. Die höchst aromatischen schwarzen Hüllen trocknen und wie Zimtstangen zum Würzen von Süßspeisen oder Pikantem wie z. B. der Kürbis-Maroni-Suppe (S. 67) verwenden.

### Süße Abwechslung
Das Grieß-Flammerie harmoniert auch mit Himbeersoße (S. 140), Orangensoße (S. 139) oder ganz einfach mit Sauerkirschen aus dem Glas.

# Geschmolzene Aprikosen
## Für 4 Portionen

### Zutaten
- 800 g Aprikosen (Marillen), Stücke
- 1 EL Apfeldicksaft
- 1 TL Zitronensaft
- 200 ml Orangensaft

Aprikosen mit Apfeldicksaft und Zitronensaft vermischen. Zugedeckt etwas Saft ziehen lassen.

Aprikosen und Orangensaft erhitzen. Zugedeckt ca. 4 Minuten köcheln, bis die Aprikosen anfangen zu zerfallen. Die geschmolzenen Aprikosen schmecken heiß und kalt.

Pro Portion 105 kcal, 0 g F, 2 g E, 22 g KH, 0 mg Chol

## „Milchreis" mit Zimt und Kardamom
### Für 4 Portionen

**Zutaten**
- 200 g Naturreis (Rundkorn)
- 400 ml Wasser
- 4 getrocknete Datteln, kleine Würfel
- 400 ml Sojadrink, ungesüßt
- 1 Zimtstange
- zerstoßene Samen aus 6 Kardamomsamen
- 2 TL frischer Ingwer, fein gehackt
- abgeriebene Schale von ¼ Bio-Zitrone
- 2 EL Cranberrys
- 1 EL Pistazien, gehackt

Reis mit Wasser und Datteln zum Kochen bringen. Zugedeckt ca. 20 Minuten köcheln lassen.

Sojadrink, Zimt, Kardamom, Ingwer und Zitronenschale unterrühren. Milchreis bei milder Hitze noch ca. 20 Minuten köcheln. Damit der Reis nicht zu trocken wird, bei Bedarf noch etwas Wasser oder Sojadrink unterrühren. Gegen Ende der Garzeit die Cranberrys untermischen.

Milchreis mit Pistazien bestreuen, mit dem Apfel-Cranberry-Mus (siehe unten) servieren. Schmeckt auch kalt in kleineren Portionen als Dessert.

Pro Portion 267 kcal, 4 g F, 8 g E, 48 g KH, 0 mg Chol

### „Milchreis" karibisch
So kommt Abwechslung in die süße Küche: Statt Sojadrink einfach 300 ml Kokosmilch und etwas mehr Wasser für dieses süße Hauptgericht verwenden. Den Kokosmilchreis mit klein geschnittener Mango, Ananas und der Orangensoße (S. 139) anrichten.

## Apfelmus mit Cranberrys
### Für 4 Portionen

**Zutaten**
- 1 kg saftige, säuerliche Äpfel, kleine Stücke
- 2 EL getrocknete Cranberrys, gehackt
- 1 TL Zitronensaft
- Schale von ½ Bio-Zitrone
- 1 Zimtstange
- 100 ml Wasser
- 2 EL Rote-Beete-Saft (Rote-Rüben-Saft)

Äpfel, Cranberrys, Zitronensaft, Zitronenschale und Zimt mit 100 ml Wasser zum Kochen bringen.

Äpfel zugedeckt bei milder Hitze ca. 8 Minuten köcheln lassen. Die Äpfel sollen weich sein, dürfen aber nicht zerfallen.

Zimtstange entfernen, Rote-Beete-Saft zugeben (für die rote Farbe!) und mit dem Mixstab fein pürieren. Heiß oder kalt servieren.

Pro Portion 118 kcal, 1 g F, 1 g E, 26 g KH, 0 mg Chol

FRUCHTIG & SÜSS

# Gebratene Ananas mit Kirschensosse
## Für 4 Portionen

### Für die Soße
- 480 g (oder 1 großes Glas) Sauerkirschen (Weichseln), eingelegt
- ¼ TL Zimtpulver
- ½ EL Kartoffelstärke

### Für die Ananas
- 1 TL Öl
- 600 g Ananas, dünne Scheiben

Kirschen abgießen. Saft auffangen. Kirschensaft mit Zimt und Speisestärke glatt rühren.

Kirschensaft unter Rühren zum Kochen bringen. Köcheln lassen, bis die Soße bindet, vom Herd nehmen. Kirschen zurück in die Soße geben.

Öl in einer beschichteten Pfanne erhitzen. Ananas darin auf beiden Seiten kurz braten.

Ananas mit der Kirschensoße anrichten.

Pro Portion 209 kcal, 2 g F, 1 g E, 45 g KH, 0 mg Chol

# Bratapfel mit Vanille-Bananen-Sosse
## Für 4 Portionen

### Zutaten
- 4 Äpfel
- 1 Vanilleschote
- 500 ml Sojadrink, ungesüßt
- 30 g getrocknete Bananen, gehackt
- 1 gestrichener TL Kartoffelstärke

Backofen auf 180 °C (Umluft 160 °C) vorheizen. Kerngehäuse der Äpfel ausstechen. Äpfel im vorgeheizten Ofen ca. 30 Minuten braten.

Für die Soße die Vanilleschote mit einem scharfen Messer längs aufschneiden. Das Mark herauskratzen. Mit dem Mixstab Sojadrink mit Vanillemark, getrockneten Bananen und Kartoffelstärke fein pürieren, unter Rühren zum Kochen bringen und kurz köcheln lassen, bis die Soße bindet.

Bratäpfel portionsweise mit der Bananen-Vanille-Soße anrichten.

Pro Portion 146 kcal, 3 g F, 5 g E, 24 g KH, 0 mg Chol

FRUCHTIG & SÜSS

# Fruchtig-süsse Suppe mit Gerstengraupen
## Für 4 Portionen

### Zutaten
- 100 g Gerstengraupen
- 700 ml Wasser
- 3 Datteln, kleine Würfel
- 1 Zimtstange
- Muskatnuss, frisch gerieben
- 20 g getrocknete Cranberrys
- 20 g getrocknete Softaprikosen (Marillen)
- 20 g Softfeigen, kleine Stücke
- ½ TL Bio-Orangenschale, gehackt
- ½ TL Bio-Zitronenschale, gehackt
- ½ TL frischer Ingwer, fein gehackt
- 1 Stück Sternanis
- 1 EL Cashewnüsse, gehackt
- Kerne aus ½ Granatapfel

Gerstengraupen mit dem Wasser vermischen, über Nacht kalt stellen.

Gerstengraupen mit dem Einweichwasser zum Kochen bringen und 15 Minuten leicht köcheln lassen.

Datteln, Zimt und Muskat dazugeben, weitere 10 Minuten leicht köcheln lassen.

Cranberrys, Aprikosen, Feigen, Orangen- und Zitronenschale, Ingwer, Sternanis und Cashewnüsse untermischen. Die fruchtig süße Suppe noch ca. 15 Minuten köcheln lassen, dabei ab und zu umrühren. Wenn die Suppe zu dick wird, noch etwas Wasser untermischen.

Die fruchtig süße Suppe portionsweise anrichten, mit Granatapfelkernen bestreut servieren.

Pro Portion 153 kcal, 2 g F, 4 g E, 30 g KH, 0 mg Chol

### Nach dem Fasten stärkt diese fruchtig-süsse Suppe

So kam ich zu diesem Rezept: Ibo Altun, ein guter Freund und großartiger Koch, brachte mir eine „süße Suppe" vorbei. Diese wird traditionell im Nahen Osten nach 12-tägigem Fasten aus Gerste, Hülsenfrüchten, Trockenfrüchten und Nüssen zubereitet und an Familienmitglieder und Freunde verteilt.

Mein Rezept ist die zuckerfreie Version dieser süßen Suppe, die nach dem VEGAN FASTEN als fruchtige Hauptmahlzeit oder zum Dessert schmeckt. Wenn Sie die süße Suppe als Hauptmahlzeit essen: als Vorspeise einen bunten Salat servieren.

Und noch ein Tipp: die fruchtig-süße Suppe schmeckt auch bestens zum Frühstück!

FRUCHTIG & SÜSS

# Apfel-Pie
## Für 10 Stück / Pie-Form (26 cm Durchmesser)

### Für den Teig (mürber Hefeteig)
- 150 g Mehl
- 40 g Öl
- 60 ml lauwarmer Sojadrink, ungesüßt
- ½ Päckchen Trockenhefe (Germ)
- 1 TL Apfeldicksaft
- Salz

### Für die Füllung
- Saft von 1 Orange
- 2 EL Apfeldicksaft
- ½ TL Zimtpulver
- 1 TL frischer Ingwer, fein gehackt
- 700 g saftige, säuerliche Äpfel, dünne Scheiben
- 1 TL Öl
- 1 EL Mandelsplitter
- 300 ml naturtrüber Apfelsaft
- 30 g getrocknete Cranberrys
- zerstoßene Samen aus 5 Kardamomkapseln

Für den Teig in einer Rührschüssel Mehl, Öl, Sojadrink, Hefe, Apfeldicksaft und Salz zuerst mit dem Rührlöffel vermischen, dann einen geschmeidigen, glatten Teig kneten. Teig zugedeckt 1 Stunde gehen lassen.

Backofen auf 190 °C (170 °C Umluft, Gas Stufe 3–4) vorheizen.

Für die Füllung Orangensaft, Apfeldicksaft, Zimt und Ingwer verrühren. Äpfel damit vermischen, etwas durchziehen lassen.

In einem kleinen, beschichteten Topf das Öl erhitzen. Mandeln dazugeben, unter Rühren kurz anrösten.

Apfelsaft, Cranberrys und Kardamom untermischen. Unter Rühren kochen lassen, bis der Saft zu einer sirupartigen Soße eindickt.

Äpfel mit der Soße vermischen und etwas marinieren lassen. Äpfel samt Soße in einer Pie-Form oder einer ofenfesten Pfanne (ca. 26 cm Durchmesser) verteilen.

Den Teig dünn ausrollen. Teigplatte über die Form legen und fest an den äußeren Rand drücken. Zu weit überlappenden Teig abschneiden.

Apfel-Pie im vorgeheizten Ofen 45–55 Minuten backen und heiß servieren.

Pro Stück 170 kcal, 6 g F, 2 g E, 27 g KH, 0 mg Chol

### So wird die Pie schön goldbraun
Damit die Pie appetitlich goldgelb wird, 2 EL Öl und 1 Prise Kurkuma verrühren und die Pie damit vor dem Backen einstreichen.

FRUCHTIG & SÜSS

# Zwetschken-Pizza
## Für 25 Stück / Springform (26 cm Durchmesser)

### Für den Teig
- 150 g Mehl
- 40 g Öl
- 60 ml Sojadrink, ungesüßt
- ½ Päckchen Trockenhefe (Germ)
- 1 TL Apfeldicksaft
- Salz
- 1 TL Öl für die Form

### Für den Belag
- 1 kg Zwetschken
- 3 EL Semmelbrösel
- 2 EL Apfeldicksaft
- ½ TL Zimtpulver

Für den Teig in einer Rührschüssel Mehl, Öl, den lauwarmen Sojadrink, Hefe, Apfeldicksaft und Salz zuerst mit dem Rührlöffel vermischen, dann einen geschmeidigen, glatten Teig kneten. Teig zugedeckt 1 Stunde gehen lassen.

Backofen auf 220 °C Ober- und Unterhitze (200 °C Umluft, Gas Stufe 4–5) vorheizen. Eine Springform mit 1 TL Öl ausstreichen.

Zwetschken an der Längsnaht aufschneiden, entkernen, oben und unten leicht einschneiden. Teig auf einer leicht bemehlten Fläche dünn ausrollen, in die vorbereitete Springform legen, dabei einen Rand von 2 cm stehen lassen.

Kuchenboden mit Semmelbröseln bestreuen, dicht und dachziegelartig mit Zwetschken belegen.

Tarte im vorgeheizten Ofen 25 Minuten backen, auf einem Gitter abkühlen lassen. Apfeldicksaft und Zimt vermischen. Den Kuchen damit erst kurz vor dem Essen beträufeln.

Schmeckt am besten frisch gebacken!

Pro Stück 101 kcal, 3 g Fett, 2 g E, 17 g KH, 0 mg Chol

### Varianten
Diese einfache fruchtig-süße Pizza können Sie auch mit Pfirsichen, Aprikosen oder Mangos zubereiten.

# Birnen-Strudel
## Für 8 Stück

### Zutaten
- 600 g Birnen, dünne Scheiben
- 2 EL Zitronensaft
- 1 EL Apfeldicksaft
- ½ TL Zimtpulver
- 30 g Rosinen, fein gehackt
- 80 g Haselnüsse, gerieben
- abgeriebene Schale von 1 Bio-Zitrone
- 1 TL frischer Ingwer, fein gehackt
- 2 Blätter veganer Strudelteig à 50 g (tiefgefroren oder vakuumverpackt)
- 3 TL Öl

Backofen auf 190 °C Ober- und Unterhitze (170 °C Umluft, Gas Stufe 3–4) vorheizen. Backblech mit Backpapier bedecken.

Birnen, Zitronensaft, Apfeldicksaft, Zimt und Rosinen vermischen und etwas durchziehen lassen.

Haselnüsse, Zitronenschale und Ingwer vermischen. Birnen mit den Zitronen-Nüssen vermischen.

Ein angefeuchtetes und gut ausgedrücktes Küchentuch ausbreiten. Ein Blatt Strudelteig darauflegen, mit 1 TL Öl bestreichen. Das zweite Blatt Strudelteig darauflegen.

Birnenfüllung auf dem unteren Drittel des Strudelteigs verteilen. Dabei rechts und links einen 4 cm breiten Rand frei lassen.

Die Teigränder von rechts und links über die Füllung schlagen. Strudel vom unteren Ende her mit Hilfe des Küchentuchs aufrollen.

Strudel vom Küchentuch auf das vorbereitete Blech gleiten lassen. Die Teignaht soll unten liegen.

Strudel mit 2 TL Öl bestreichen und im vorgeheizten Ofen in ca. 30 Minuten knusprig backen. Strudel auf dem Blech abkühlen lassen.

Pro Stück 153 Kalorien, 8 g F, 2 g E, 18 g KH, 0 mg Chol

### Strudelteig aus dem Kühlregal
Veganen Strudelteig gibt es im Supermarkt fertig zu kaufen. Strudelteig ist ideal, um blitzschnell einen Kuchen für die Kaffeetafel zu backen. Probieren Sie dieses Strudelrezept auch mit Zwetschken oder Aprikosen.

Ihre Gesundheit – in den besten Händen

# Sich selbst und uns entdecken

Als der Arzt Dr. Ebenhecht 1892 in Schärding eine Kneipp-Kuranstalt eröffnete, ahnte er kaum, dass er damit gut hundert Jahre später die Bedürfnisse einer übersättigten Wohlstandsgesellschaft auf den Punkt treffen würde. Wer sich heute auf den Weg ins Kurhaus Schärding macht, macht sich immer auch auf den Weg zu sich selbst. Hier findet man, was selten geworden ist: Einfachheit, Reduktion, Selbstbesinnung.

**Zentrum für Naturheilkunde**
Ob europäische Naturheilkunde mit Kneipp, Traditionelle Chinesische Medizin oder Ayurveda – mit der Kompetenz unserer Ärzte und Therapeuten aus Österreich, Asien und Indien gelangen sie im Kurhaus Schärding Hand in Hand zur Anwendung – authentisch und original. Damit gehen wir ganz bewusst neue und innovative Wege, weil wir gerade in der Kombination dieser

drei großen Heilkunden viele Vorteile für unsere Gäste erkennen. „Naturheilkunde kann nur dann langfristig und nachhaltig erfolgreich sein, wenn es uns gelingt, das ganze Wesen und die Persönlichkeit eines Menschen zu erfassen", fasst Therapieleiter Hans Kothbauer die Philosophie des Kurhauses zusammen. Hier können Sie einfach **Mensch** sein.

### Vier Kompetenzfelder
Wir legen unseren medizinisch-therapeutischen Fokus auf vier Kompetenzfelder, in denen wir unseren Gästen helfen können, gesund zu bleiben, indem sie ihre Selbstheilungskräfte aktivieren: **Entgiften, Auftanken, Natürlich schön und Schmerzfrei.**

### Haubengekrönte Kulinarik
So wie die Liebe durch den Magen geht, beginnt Gesundheit in der Küche. Eine bewusste, den Stoffwechsel regulierende Ernährung ist in Zeiten des Überflusses wichtiger den je. Sie ist die Wurzel für Gesundheit und Vitalität. Dabei wird besonders auf Saisonalität, Regionalität, und biologische Herkunft geachtet.
Die mit der „Grüne Haube" gekrönte Küche verwöhnt und überrascht mit ayurvedischen, vegetarischen, basischen oder veganen Köstlichkeiten.

### Mein Zentrum für Naturheilkunde
### Kneipp | Ayurveda | TCM

### Kontakt und Informationen
Kurhaus Schärding
Barmherzige Brüder
Kurhausstraße 6 | 4780 Schärding/Inn
Tel +43 (0)7712/3221
kurhaus@bbschaerd.at
www.kurhaus-schaerding.at

Neue Leichtigkeit für Körper und Geist

Schönheit kommt von innen

Auf dem Weg zu sich selbst

# Schlank & gesund mit Büchern aus dem kneipp verlag

Elisabeth Fischer
**Heilsames Basenfasten**
Genießen, entschlacken und
schlank werden
Mit 120 Rezepten

132 Seiten, farbig, Hardcover
ISBN 978-3-7088-0545-0
EUR 17,99

Mit ihren erprobten Rezepten zeigt Elisabeth Fischer den Weg aus der Übersäuerungsfalle. Die in diesem Buch präsentierten Gerichte sind basenbildend, vegan und cholesterinfrei. Sie entlasten, steigern das Wohlbefinden durch einen enormen Vitalstoffgehalt und lassen die Kilos purzeln.

Elisabeth Fischer
**Heilsames Basenfasten für Berufstätige**
120 Genussrezepte
Mit Wochenplänen und Einkaufslisten

ISBN 978-3-7088-0575-7
132 Seiten, farbig, Hardcover
EUR 17,99

Der Bestseller von Elisabeth Fischer geht in die zweite Runde, diesmal speziell für Berufstätige. Im Alltag bleibt nämlich wenig Zeit zum Einkaufen und Kochen. Deshalb gibt es zu den 120 erprobten, basenbildenden Genießerrezepten praktische Wochenpläne und Einkaufslisten.

www.kneippverlag.com

# Lesen Sie mehr von Elisabeth Fischer!

Elisabeth Fischer
**Vegan fasten**
Das 14-Tage-Abnehmprogramm
mit 120 genussvollen Basenrezepten

ISBN 978-3-7088-0617-4
132 Seiten, farbig, Hardcover
EUR 17,99

Elisabeth Fischer hat im ersten Band ihrer Vegan-fasten-Methode 120 raffinierte Basenrezepte entwickelt, die satt und dabei schlank machen: Fruchtige Müslis, knackige Salate, aromatische Suppen, kräuterwürzige Gemüsegerichte und fruchtig Süßes. Schnell und einfach zubereitet, lassen sie Ihre Fettpolster verschwinden – und in einer Woche werden Sie zwei bis vier Kilo los.

Elisabeth Fischer
**Ab heute bin ich schlank**
Das Kochbuch
Genießen – abnehmen – Gewicht halten
ISBN 978-3-7088-0634-1

192 Seiten, farbig, Hardcover
EUR 17,99

Das Kochbuch nach der Methode „Schlank ohne Diät" eignet sich hervorragend als Fortsetzung nach dem Basenfasten. Elisabeth Fischer macht das Schlankwerden und Schlankbleiben mit ihren 200 erprobten und ausgewogenen Rezepten schmackhaft und liefert dazu das Know-how für den leichten, gesunden Genuss.

www.kneippverlag.com

# Schlank & gesund mit Büchern aus dem kneipp verlag

Elisabeth Fischer
**Schlank backen**
Kuchen, Torten, Kekse, Muffins

120 Seiten, farbig, Hardcover
ISBN 978-3-7088-0538-2
EUR 17,99

Diese Kekse, Kuchen und Torten schmecken sündhaft gut und haben trotzdem wenig Kalorien – mit diesen Rezepten müssen sich Naschkatzen nicht länger zwischen Genuss und Wunschgewicht entscheiden. Mit natürlichen Zutaten und wenig Zucker entsteht köstliches Backwerk, das auch noch die Gesundheit fördert.

Elisabeth Fischer, Irene Kührer
**Soja**
120 vegane und vegetarische Rezepte mit Tofu, Sojacreme & Co.

Überarbeitete und gekürzte Neuauflage
168 Seiten, farbig, Hardcover
ISBN 978-3-7088-0616-7
EUR 17,99

Elisabeth Fischer hat ihre Begeisterung für köstliches, gesundes Essen in viele leichte Rezepte umgesetzt, inspiriert vom vertrauten Geschmack heimischer Gerichte, der Küche des Mittelmeeres und der raffiniert einfachen asiatischen Kochkunst.
Die 120 Rezepte bringen auch die gesundheitsfördernde Wirkung der Sojabohne auf den Teller: schlemmen und dabei schlank bleiben, die Haut von innen heraus pflegen und jung halten, dazu Herz und Knochen stärken.

www.kneippverlag.com